U0140713

影响中国人的
十大汉字
国学金故事

冯梦月　丁卉◎主编

台海出版社

图书在版编目(CIP)数据

廉·影响中国人的十大汉字 / 冯梦月,丁卉编著.
--北京:台海出版社,2012.9

(国学金故事)

ISBN 978-7-5168-0028-7

Ⅰ.①廉… Ⅱ.①冯… ②丁… Ⅲ.①品德教育–中国
–通俗读物 Ⅳ.①D648-49

中国版本图书馆 CIP 数据核字(2012)第 211247号

廉·影响中国人的十大汉字

编　　著:冯梦月　丁　卉

责任编辑:王　艳

装帧设计:天下书装　　　　版式设计:方国荣

责任校对:董宁文　　　　　责任印制:蔡　旭

出版发行:台海出版社

地　址:北京市景山东街 20 号，邮政编码：100009

电　话:010-64041652(发行,邮购)

传　真:010-84045799(总编室)

网　址:www.taimeng.org.cn/thcbs/default.htm

E-mail:thcbs@126.com

经　销:全国各地新华书店

印　刷:北京高岭印刷有限公司

本书如有破损、缺页、装订错误,请与本社联系调换

开　本:710×1000　1/16

字　数:46 千字　　　　　印　张:7.75

版　次:2012 年 11 月第 1 版　印　次:2012 年 11 月第 1 次印刷

书　号:ISBN 978-7-5168-0028-7

定　价:18.50 元

题记

廉

何谓廉？廉是中国古代思想史上一个重要的概念。古代大小官员统治天下，管理民政，他们唯有通过廉洁修身，自我监督，才能让老百姓过安稳的日子。

战国时期的公仪休，作为鲁国的相国，却连一个老汉的五条鲫鱼都拒绝接受。这个故事告诉我们，想要做一个廉洁的人，不论恩惠是大是小，都不应该接受。在廉洁的人看来，一旦接受了老百姓的东西，不管多与少、贵与贱，本质上都是破坏了廉俭之风。

作为一个廉洁的人，就算是最亲近的朋友、家人也不可以包庇。秉公执法，大公无私才能称的上廉洁。

本书讲述的廉俭故事，大家不仅要读，还要牢记，未来不管你们走上什么工作岗位，都要时刻牢记古人的廉俭故事，并以此要求自己。这样，我们的未来才能够更加美好。

廉要从娃娃抓起

我觉得要做好廉政，不仅要治标，还得治本，廉要从娃娃抓起。我们从小就要认识到不仅德智体美劳全面发展，还要认识到廉的重要性。国内正在兴唱的《廉字歌》，我感到唱得太正统啦，如果想要传唱下来，就应该是童谣和儿歌。廉政要从娃娃抓起，还有一层意思，大凡送礼者，多是送到家里来，大包小包，极容易被发现，我们便可以归劝送礼人，也可以要求爸爸妈妈或爷爷奶奶拒收这些礼物。

我特别查了词典，"廉"的本意是"堂隅"，比喻有棱角、锋利。引申后为方正、高洁、清白、俭约、公平、不苟、明察等义。看看我们祖宗的解释，特别是本书讲的故事，形象地阐述了"廉"的定义。而"以廉为本"的标准，便成为中国古代为官的最基本原则。

"廉"作为一种中国古代传统儒家精神的自然延续，作为历代官吏极力推崇的高尚品格，作为一种富于张力和内涵的精神力量，从古至今支配着人们的行为。无论东方西方，无论品阶高低，为官者都表现出了廉者风范。

熟悉历史的学弟学妹一定都听说过，中国古代赫赫有名的贤丞伊尹、狄仁杰、包拯等等，以及本书中所提到的大大小小的人物，都以"廉"律己，或严惩非"廉"的小人。书中所提到的春秋时鲁国宰相公仪休，连小小的礼物，哪怕是一条鱼都不会收；而东汉时清河郡太守贾明，因为贪赃枉法而被自己的幼时好友、冀州刺史苏章严厉处罚。

时至今日，现实生活中每个细节都在提醒我们，"廉"的价值无处不在。

德国社民党前主席汉斯·约亨·福格尔素以节俭著称。据说，他平生从未做过公务舱，总是和普通人一样，蜷缩在狭小的经济舱里。每次登机，当他路过其他的联邦议员身旁，继续前行寻找座位的时候，他总是和蔼地笑笑，招手祝同事们"旅途愉快"！

在他担任慕尼黑市长期间，他总是乘地铁上下班。1981年，他作为柏林市市长的候选人被传唤到中央总部，就在首都机场，他对前来接机的专车视而不见，面对同事的不解眼神匆匆扔下一句"对不起，我还没有这个资格"，然后招手叫了一辆计程车。

在老祖宗那里，"廉"是和"贪"相对立的。在封建王朝中，清官廉吏要做到"清廉自守"是非常不容易的，他们必然会遭到社会上一切腐朽势力的侵袭、围攻，但他们无一例外地得到广大老百姓的爱戴和拥护；尽管他们与腐朽势力的对抗与斗争是艰难的、险恶的，但他们都无一例外地对于当时历史时期的政治、经济、文化有或多或少的推动。在中国的历史长河中，廉吏如晶莹剔透的珍珠散发出耀眼夺目的光芒！

社会正在呼唤廉者。而这"三十五廉"恰好提供了一个个生动形象和鲜活的例子。顺便说一下，历史长河中的廉洁奉公者非常之多，对于那些人们早已熟知的，本书就不花太多篇幅介绍了，而把那些深埋在故纸中的人物发掘出来，使他们的事迹长留于世。

冯梦月

目　录

走进中国古文化,畅游中国文学殿堂。

——北京大学 孔庆东教授

这套书精选了中国古代文化思想的珍品,篇篇蕴含人生智慧结晶,并配有精美的插图,不但具有阅读价值,同时还具有收藏价值。

——苏州大学 汤哲声教授

四大古老文明已经失去其三,难道我们的文化也要和苏美尔文化、巴比伦文化、古埃及文化一样存在于历史的故纸堆里,成为后人难以识别的纸上文明吗?

——西南大学 韩云波教授

阅读我们的经典文化,汲取我们的国粹精华,做真正的中国福娃!

——河南大学 王立群教授

学中国文化,思中华功夫。

——少林寺方丈 释永信

子贱上任

宓子贱，春秋末期鲁国人，名不齐。孔子学生。曾为单父（今山东单县）宰（县令）。认为人性有善有恶，著有《宓子》。

宓子贱，春秋时鲁国人。他在孔子门下做学生时，就表现出过人的才华。他读书很用功，又善于思考问题，办事极有主见，从来不人云亦云，因此很受孔子的赏识，年纪轻轻就很有名气了。

不久，鲁国国君便派宓子贱去单文这个地方当县令。走之前，他去老师孔子那里道别，孔子语重心长地对他说："子贱，你现在学有所成，为国家出力做事，可不要做出什么让我丢脸的事啊。

我没什么东西送给你的，送你几句话吧：毋迎而距也，毋望而许也。许之则失守，距之则闭塞。譬如高山深渊，仰之不可极，度之不可测也。（意思是说，不要因为别人喜欢你，而你却对他产生厌恶的感觉，和他拉开距离，拒人于千里之外；也不要因为别人对你有所希望，而轻易对他许下诺言。答应了的事没有做到，往往使对方感到失

望；拒人于千里之外，就容易和老百姓产生隔阂。这就像高山，仰望它没有边际；像深渊，要测量出它的深度又是不可能的。做官的学问可深着呢！）"

宓子贱连连点头，说："老师讲得非常对，我一定会照老师的话去做。"宓子贱谢过老师，收拾了行李就上任去了。

马车慢慢地往前走，路过一个小村庄时，宓子贱忽然想起这里住着他的一位好朋友阳昼，便下车去拜望他。

宓子贱将去单文上任的事告诉了阳昼，很真诚地问他："我要去单文了，你有没有什么话要告诉我呢？"

阳昼沉思了片刻说："我也没有什么送给你。不过我经常去打渔，有一两点钓鱼的体会，可以说给你听听。"

宓子贱说："请指教！"

阳昼捻了捻胡须，说："河里有各种各样的鱼，习性不同。凡是见鱼饵就咬、争相吞食的，肯定是肉薄味淡的'阳'鱼，这种鱼最令人讨厌；凡是见到鱼饵不争抢、想吃但不贪吃，准是肉厚味美的鲂鱼，这种鱼才令人喜爱呀！生活中不是也有像这两种鱼的人吗！"

宓子贱听得入神了，一句话也没说。他将孔夫子和阳昼的话相对照，觉得阳昼的话更有道理。他点点头，告别阳昼而去。

第二天，宓子贱到了单文县境，离城还有十几里路，就见单文城里的一些官员、富翁簇拥着出城迎接，一个个满脸堆笑，就像争夺鱼饵的"阳"鱼。宓子贱赶忙起身对车夫说："快走，快走，这些就是令人讨厌的'阳'鱼，不要理他们。"车没停，就"嗖"一下飞快地驶进城去了。

花以芹香而美，官以清廉而贵。

那些官员、富翁一个个你看看我，我看看你，欢迎的声势一下全没了。他们想，这位宓子贱可不同于以前的县令，他不吃我们这一套，以后可得小心点儿！

果然，宓子贱上任后廉洁正直，扶危济困，把单文城管理得非常好。连孔子都称赞道："君子就是应该像宓子贱这样！"

《说苑·政理》

本篇成语解释：

1.【人云亦云】云：说。人家怎么说，自己也怎么说。形容没有主见或创意。

2.【扶危济困】扶：帮助，支持；危：危急；济：救济。对处境危急、生活困苦的人给以帮助、救济。

田母训子

田稷，战国齐宣王时相国(属于丞相之职)。

田稷是战国时齐国人，从小就失去了父亲，全靠母亲帮别人洗衣服、做零工赚钱抚养他长大，所以田稷非常孝顺母亲。田稷长大成人后，由于聪明能干、年轻有为，二十多岁就当上了相国（当时最高官职）。可田稷的母亲并不想沾儿子的光，依然在乡下住那间破旧的房子。只是年纪大了，衣服洗不动了，就在屋子前开垦了一片菜地，过着清贫的日子。

时间很快过去了，又到了田母的生日。这一天，田母特别高兴，在屋内屋外忙个不停。她心里怎么会不高兴呢？儿子公务很多，平时抽不出时间，但每年母亲的生日，他肯定会回来的。田母越想心里越高兴，不由自主地往屋外张望。正想着呢，田稷就回来了。母子相见，田母高兴得不知说什么好：儿子壮实多了，胡子也一大把了，引人注目的是，这次带回了一个沉甸甸的箱子。

田稷恭恭敬敬地把母亲请到椅子上坐下，将箱子递给田母，笑着说："娘，这是给您的生日礼物，祝您福如东海，寿比南山！"

"这是什么呀？"田母见儿子没忘记送生日礼物给自己，

高兴得嘴都合不拢了。

儿子神秘一笑，把箱子轻轻打开。

啊，是黄金！一根根金条金光灿灿，估计有几十斤！

田母见是黄金，高兴的神色慢慢收敛起来了，指着黄金说："这么多黄金从哪里来的？"

"这……这是我这几年积存下来的。"田稷两眼不敢看母亲。

"胡说，你当三年相国，能有多少钱？能积这么多黄金吗？你这不是明摆着骗你娘吗？你要活活气死我呀！"田母的眼神像刀一样直射入田稷的心里。

田稷见母亲发火，两腿不禁发软，跪在母亲面前说："娘，您不要生气，我讲实话，我讲实话，这些黄金是……是一些地方官听说您生日到了，特地送给我，孝敬您老人家的。"

"你……你怎么能做这种事啊！"田母两眼一黑，晕了过去。

田稷连忙站起来，将田母扶到床上，又是捏人中，又是喂水，好久田母才渐渐苏醒过来。她有气无力却又语重心长地对田稷说："儿啊，娘知道你是孝顺的儿子，但我不要这样的孝顺。娘吃再多的苦，受再多的累，也不在乎，只是希望你能当好官，当清官，不贪不污，为百姓多做好事，可你却……这怎能不叫你娘心痛呢？儿啊，你明天拿着这些黄金去见大王，让大王处置你吧！"

田稷已经泪流满面，满脸悔恨，紧抿着嘴直点头。

田母见儿子答应了，才露出了欣慰的笑容。

第二天，田稷就带着金子去见齐宣王，要求处罚。齐宣王听了这件事的经过，很赞赏田母

松竹梅，岁寒三友；廉正清，为官三要。

-5-

深明大义和田稷知错就改的品德，便赦免了田稷，仍旧让他担任相国。田母训子廉洁的故事很快传遍了整个齐国。

《列女传·卷之一·母仪传》

本 篇 成 语 解 释：

1.【不由自主】由不得自己做主，控制不住自己。

2.【有气无力】有声音而没有劲头。形容说话语音低沉，没有力量，或做事懒散，没有劲头。

3.【语重心长】语气恳切而有分量，情意深长。

田母教子廉洁，田稷知错就改，两者都值得现在的人学习。当代社会，多一些田母，多一些田稷，勤政廉洁之风就能好很多。

特殊"遗嘱"

孙叔敖,春秋时楚国期思(今河南淮滨东南)人。本姓蒍,字叔敖,又名蒍猎。官至令尹(即丞相之职)。曾帮助楚庄王成为"春秋五霸"之一。

孙叔敖是春秋时期楚国人,他很小的时候就在家乡一边种田、一边读书,由于他才能出众,廉洁正直,被楚庄王任命为令尹。令尹在当时可是一人之下、万人之上的大官,可孙叔敖一点儿都不为自己着想,一心为楚庄王管理国家,处理军务,很快就使楚国从一个常常被人欺负的国家变得强大起来了。可孙叔敖由于工作太过劳累,病倒了。

孙叔敖在病床上想了很多,他想到自己的病不可能好了,便把儿子孙安叫到病床前,认真嘱咐了几句,然后又撑着起来,强忍着病痛坐到书桌前,用那微微颤抖的手一笔一笔地给楚庄王写了最后一份奏章。

几天后,孙叔敖便与世长辞了,整个楚国都沉浸在哀痛之中。楚庄王很伤心,他拿起孙叔敖写的最后一份奏章,当着众大臣的面,含着泪读了起来:"……我靠大王的信任,由一个普通的乡下人做上了楚国的令尹。尽管我尽力为国家效劳,可做的事实在是太少了。现在看来,病是不可能好了,我有一个请求,大王一定要答应我,那就是我儿子孙安的事。我知道大王在我死后肯定会厚待孙安的，但孙安没有治理国家、辅佐大王的才能，所以我恳求大王不要留他做官，还是让他回家乡以务农为生吧……"

读完，楚庄王和大臣们都热泪盈眶，楚庄王不禁仰天长叹："天啊，你为什么要夺走我这么好的令尹啊？"

孙叔敖的丧事办得很隆重。办完后，楚庄王一再表示希望孙安留在自己身边做官，可孙安坚持遵照父亲的遗嘱，回乡务农。楚庄王见说不服他，便答应了。

过了几个月，楚庄王派人去看孙安，回来的人说，老令尹孙叔敖的夫人得了重病，无钱治疗，孙安只得靠卖柴维持生活。楚庄王吃了一惊，他知道孙叔敖廉洁俭朴，但没有想到他的后人会穷到这份上。他立刻派人给孙安送去钱物，孙安都婉言谢绝了。

楚庄王见说服不了孙安，便召见孙安，对他说："这样吧，我送你一块肥沃的土地，让你按照你父亲的遗愿种田务农，好不好？"

孙安说："如果大王一定要赐给我什么的话，那就赐给我寝丘那块地方吧。"

楚庄王奇怪地问："寝丘，那可是一块没人要的薄沙地呀，你要它干什么呢？"

孙安说："我父亲临终一再嘱咐我，如果大王一定要赐给我什么的话，就要一块没人要的土地，请大王能答应我父亲这一特殊的请求。"

楚庄王听了,摇着头叹息了好一阵,只好让孙安去了那个叫寝丘的地方。

《史记·孙叔敖传》

本篇成语解释:

1.【与世长辞】辞:告别。同人世永远告别了。指死去。

"廉"是中国古代思想史上一个非常重要的概念。清正廉洁,也是中华民族传统美德以及中华民族传统文化的重要组成部分。

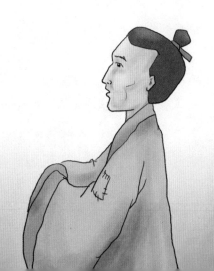

拒收赠鱼

公仪休，春秋时鲁国人，曾任鲁博士，后为鲁之宰相，重用儒家子卿、子思等人。为官清廉。

这是一个赶集日，鲁国的都城人来人往，车水马龙，非常热闹。

这时，一位渔夫打扮的老汉提着一个鱼篓从人群中挤了出来。他一边走，一边询问过路的人，别人给他指了指，他便顺着手指的方位来到一个衙门前。门前有士兵把守，老汉有点儿胆怯，不敢上前。终于，他鼓起了勇气，向左边的士兵走去。

他小心翼翼地问道："请问大哥，这是不是相国府？"

士兵倒还和气，说："是呀，您有什么事吗？"

"哦！我想见见公仪相国，烦您给通报一声。"

士兵有点儿惊奇，又上下仔细打量了一下老汉，搞得老汉不知所措。士兵问道："您和相国认识吗？"

"认识，认识。"老汉忙点头，"前天，相国还到过我家呢。"

士兵看了老汉一眼，说："您等着，我去通报一下。"

不一会儿，相国便快步走出来了。这位相国，复姓公仪，单字休，年纪很小的时候便显露出才华，而且品德高尚，从不以权谋私，深受百姓爱戴，因此年纪轻轻，便当上了鲁国的相国。

公仪休一见到老汉，忙叫道："老人家，您怎么来了？"一边说着，一边扶着老汉进相国府。

老汉很受感动，一边走，一边对公仪休说："相国，您天天为国家大事奔忙，非常辛苦。听说您喜欢吃鱼，所以特地送些鲫鱼给您，让您补补身子。"说罢，从篓子里取出五条活蹦乱跳的鲫鱼，放在地上。

公仪休一听，忙拉住老汉，和颜悦色地对他说："老人家，您的心意我领了，这鱼，您还是拿回去吧！"

老汉可慌了，急得搓着手，低着头，口里直嘟囔："这可怎么办呐？早知您不喜欢吃鱼，我就送别的了，这可怎么办呐？这……"

公仪休见老汉这么着急，忙对老汉说："老人家，我不是这个意思，正因为我喜欢吃鱼，所以今天不能接收你的鱼。"

老汉愣愣地望着公仪休。他有点儿不理解公仪休的话。

公仪休请老汉在屋里坐下，和蔼地说："如今我当上了相国，有国家给我的俸禄，如果我收了您的鱼，就等于收了您的钱，实际上就是贪污，贪污就会被罢官，罢官后还会有鱼吃吗？"

老汉边听边点头，认为是这个理。

"再说您打渔也是风里来，雨里去，很不容易呀。"公仪休站起身来，对老汉说，"您还是拿回去，给老伴补补身子吧。"

老汉还有什么可说的呢？能结识这位廉洁的相国，他已心

满意足了,怎么能玷污公仪休的美名呢!于是,他提起鱼就走了。在公仪休的影响下,鲁国的官场风气焕然一新。

《左传》

本篇成语解释:

1.【车水马龙】车马往来不绝。形容热闹繁华的景象。

2.【小心翼翼】翼翼:恭敬的样子。原来形容恭敬严肃的样子。后来形容举动十分谨慎,一点儿不敢疏忽。

3.【不知所措】措:安置,处理。不知道该怎么办。形容受窘或发慌。

4.【心满意足】形容称心如意。

五条鲫鱼在我们看来是很小的恩惠,但相国却推辞了。这个故事告诉我们,想要做一个廉洁的人,不论恩惠是大是小,都不应该接受。

苏章"薄"情

苏章,东汉扶风平陵(今陕西咸阳西北)人,字孺文。少博学。后官至刺史职(皇帝派去监察一地官吏的长官)。廉正无私,执法如山,后因摧抑豪强被免官。

苏章,出生于东汉中期的一个小镇上。他年少时,有一位特别要好的小伙伴,名叫贾明。他们常常一起读书写字,一起习武练功,一起捕鱼捉鸟,共同度过了美好的童年。后来,两个人都长大了,凭着各自的聪明和才能,分别被朝廷派往不同的地方上任职。由于公事繁忙,路途遥远,两人渐渐失去了联系。

有一年,苏章因廉洁奉公、政绩显著,被任命为冀州刺史,负责监察所属郡县官吏的不法行为。上任的第一天,苏章就接到一份状纸,打开一看,只见题目写道:告清河郡太守贾明贪赃枉法!贾明!多么熟悉的名字呀!苏章一下子不敢相信自己的眼睛,失去联系多年的朋友的名字竟然在状纸上出现,苏章心里很不是滋味。

他看完状纸,觉得案情严重,立刻派人去调查,特别要调查这个贾明是不是扶风平陵镇的贾明。命令下达后,他烦躁地推开状纸,不由自主地转着圈。眼前不时闪
现儿时小哥俩嬉戏玩耍

学习的情景，两人天真无邪的笑声在耳边回响。

贾明啊贾明，你怎么会变成这个样子呢？搜刮百姓钱财不说，国库里的钱也敢拿。你怎么这么糊涂啊！要真是这样，这不是为难我吗？

苏章正不知道如何是好时，查案的人回来了，向苏章汇报说，清河郡太守正是扶风平陵镇出身，案情完全是真实的，不仅如此，在调查过程中，贾明还牵涉到一个包庇杀人犯的案子！

苏章一听，火了，一拍桌子，说道："贾明啊贾明，你犯的罪不可饶恕，你可别怪我苏章薄情！"

他写了一份请柬，叫人送去给贾明，说苏章请儿时好朋友明日来府上叙叙旧情。贾明早就知道有人递状纸到上边去了，而且打听到这位新任刺史铁面无私，软的硬的都不吃，正不知该如何是好。这时，请柬到了，见新任刺史大人竟是小时候的好朋友苏章，他欣喜若狂，大声笑道："哈，真是天助我也！"

第二天，贾明早早就来到刺史府，苏章很热情地接待他。酒宴上，贾明滔滔不绝，话没完没了，苏章却微笑着默不作声。当谈到儿时两人度过的欢乐时光，苏章心里苦涩得很。酒喝得差不多了，苏章脸忽然一沉，异常严肃地对贾明说："今天，我们相聚，只是叙叙朋友间的友情，明天，可就要办正事了。"

"明天？办什么正事？"贾明满嘴酒气，舌头直打哆嗦。

"明天，我就要秉公办案了。"苏章平静地说道，两眼直盯着贾明。贾明一听"秉公办案"，来时踏踏实实的心忽然变得空空荡荡，酒也醒了，汗也下来了，红通通的眼睛直愣愣地看着苏章。

屋里一下子安静下来了，静得都能听到两人的呼吸声。

"老弟，状子已递到我这儿了，我看，你还是全招了吧。"苏章打破沉默。

"我的事就是那么一回事。如果你把我看作你的朋友，我想你应该知道怎么做吧？"贾明尴尬地笑了一笑，其实他也不知道是应该哭还是应该笑。

苏章站起来，厉声对贾明说："你怎么能说出这么无耻的话呢？想当年，你我一起发誓，发挥自己的才能，共同为国家做出贡献，你都忘了吗？你我是好朋友，但朋友之情不能大于国家的法律呀！老兄，我看你自己好好想想，想通了就来找我，最好不要我去找你！"贾明默不作声。

第二天，贾明主动投案自首了。苏章仔细查阅案情，依法对贾明作了处罚。

不久，苏章"薄"情、秉公办案的事便传遍全郡，一时成为佳话。

《后汉书·苏章传》

本篇成语解释：

1.【贪赃枉法】赃：盗窃、抢劫、贪污来的财物；枉法：歪曲法令，破坏纪律。指受财受贿，违法乱纪。

2.【铁面无私】形容公正严明，不怕权势，不讲情面。

3.【欣喜若狂】形容高兴到极点。

4.【滔滔不绝】滔滔：连续不断的样子。形容话多，连续不断。

太守割草

第五伦，东汉京兆长陵（今陕西咸阳东北）人，字伯鱼。他为官颇得人心，曾任太守等职，官至司空（掌管国家建筑工程的最高官员）。以正直廉洁著称。

第五伦是一个人的名字，他姓第五，是复姓，单名伦字。他是东汉时期一位有名的清官。第五伦做官，一点儿都没有官架子。他十分关心百姓，经常救济穷人，而自己和家人却生活非常俭朴，因此很受百姓爱戴。

在第五伦任太守时的某一天，他所管辖的一个县的新县令来拜访他。新官上任，自然是春风得意。这位县令很得意地将自己打扮一番，新的官帽、新的官袍、新的官靴，一切都使他感到很舒服。

一进第五伦家，只见一位仆人模样的老妇人正坐在厅堂

缝补衣服，县令想也没想，冲着老妇人叫道："快去禀告你家老爷，就说有客人来了。"说完，一屁股坐在椅子上。

老妇人抬起头，很大方地向县令笑了笑，进里屋倒上茶水递给县令，和蔼地问县令："请问大人是不是新来的呀，老身以前怎么没见过您？"说着，又拿起针线坐在原来的位子上缝补起来。

县令哪有心思和她这种人拉家常，气呼呼地对老妇人吼道："你怎么一点规矩都不懂，我叫你快去禀告太守大人，你却一动不动，等一会儿，我禀告太守大人，叫他……"

话还没说完，一个小孩从外面兴冲冲跑了进来。一进门看到有生人在场，便问老妇人："娘，来客人了？"老妇人点点头。

这下可将这位新上任的县官弄得摸不着头脑了，过了好一会儿，他才转过弯来，不禁问老妇人："你是太守夫人？"

老妇人笑了笑，没有做声。

县官吓坏了，忙向老妇人不停地道歉。老妇人倒不在意，依然和气地对县令说："太守不在家。他吃完饭后和几个仆人到后山割草去了。"县令更是惊奇地张着嘴巴，说不出话来，回过神才问："仆人去割草是应当的，太守大人怎么能去割草去呢？"

小孩，也就是第五伦最小的儿子仰着头，抢先答道："太守怎么了？太守也是人嘛，爸爸经常去割草喂马的。您如果有急事，我去叫他。"

县令觉得无地自容，忙说："我改日再来府上拜访吧。"说完，狼狈地走了。走到半路上，县令觉得太守割草很稀奇，想去看个明白，便折回来，爬上后山。果然，在阳光下，只见第五伦和仆人一样打扮，高挽着衣袖，背着一大捆青草，正和仆人们一起往回赶呢！

县令看到这些，既佩服又惭愧，回去在同事、朋友间常常向人讲起太守割草的事。此后，第五伦廉洁俭朴的美名便传开了。

《后汉书·第五伦传》

本 篇 成 语 解 释：

1.【春风得意】春风：春天的和风。比喻喜气洋洋。旧时指进士及第。现在多用来形容人做事如意，兴奋踊跃。

2.【无地自容】没有地方可以给自己容身。形容羞愧到极点。

中国从原始社会末期即开始倡廉。西周时，周王把廉洁作为考察奖惩官吏的重要项目；秦始皇统一中国后，廉政建设成为考核官吏职守的重要标准；到了明清两代，君主更是煞费苦心地给众官吏们树立清官典型，做到"廉以立志，廉以律己"。

深夜拒金

杨震，东汉大臣。字伯起，弘农华阴（今陕西华阴东）人。少好学，博览群书，被称为"关西孔子"。后多次担任太守之职，官至太尉（军队最高首脑）。后遭人诬陷，免官自杀。

天已经很晚了，周围一片寂静，只有远处池塘里的青蛙闲来没事叫上几声。这是昌邑县（今属山东）靠大道的一家旅店，客人们大都早早睡去了，但最右边的一间房里依然亮着灯。

屋里，一位身穿官服的清瘦男子正在烛光下聚精会神地看着一本书。他，就是新上任的东莱（今属山东）太守杨震。他从京城洛阳出发，马不停蹄赶往东莱就职，路过昌邑县，见天色已晚，便住进了这家旅店。虽然很疲劳，但入睡前仍然会看看书，这已是他多年的习惯了。

突然，随从在外面轻声叫道："大人，有人求见！"

这么晚了，怎么有人求见呢？杨震正疑惑着，只见一个人闯了进来，连声叫着"恩师"，倒头便拜。杨震连忙扶起来人，问道："你是？"

"我是王密呀！现在本县任县令。听说恩师路过，特赶来拜见。"他一面说，一面抬起头满怀喜悦地望着杨震。

杨震看着这张似曾相识的脸，想了半天，才记起在担任荆州刺史时见过此

俭以廉为本，奢为贪之源，戒之，慎之。

-19-

人。此人叫王密，当时，杨震见他品德出众、才学超群，便极力向朝廷推荐。看来，王密干得还不错，只是胖得叫杨震差点儿认不出来了。

王密见杨震认出了自己，更加高兴了，说："当年多亏恩师栽培，不然的话，我还只是一个平民百姓呢。"

杨震挥了挥手，淡淡一笑说："这主要还是你有能力嘛！"

王密忽然往四下看了看，从怀中取出一个布袋放在桌上。

"这是……"杨震惊奇地问。

"恩师！"王密诚恳地说，"当初您向朝廷推荐我，一直都没有机会感谢，这次您正好路过此地，真是太好了，我特地准备了十两金子，望恩师收下。"

杨震顿时脸色一变："你怎么也干起这样的事了？"

王密对杨震发怒一点儿也不在意。这样的"发怒"，他在官场上见得多了，他笑着说："恩师，您还是收下吧，反正没有人知道。"

"谁说没人知道？"杨震气坏了，"天知、地知、你知、我知，明明有'四知'，怎么说没人知道？"

屋里一点儿声音也没有，王密不说话，也没有了笑意，只是低着头。

杨震见王密不说话，又语重心长地说："王密呀，当初我向朝廷推荐你，正是看中你才华出众，品德高尚，是个有用之才，

你现在却给我搞这个名堂，我真替你羞愧呀！"

王密被这番话深深地打动了，满脸羞愧地说："恩师说得极是，您不要生气，我收回就是了。"说完，收起黄金，红着脸向杨震行了个礼，走了。

杨震望着王密的背影，无可奈何地叹了口气，心里感到非常惭愧。要是做官的个个都能廉正不贪，为百姓办实事，那老百姓的日子就好过多了，社会风气也会好起来。

《后汉书·杨震传》

本篇成语解释：

1.【聚精会神】全部精神集中到一起。形容注意力集中。

2.【马不停蹄】比喻一刻也不停留，一直前进。

3.【无可奈何】奈何：如何，怎么办。不得己，没有办法。

中国历代的很多仁人志士正是以清廉为节操，在历史舞台上留下了光彩夺目的一页，被后人歌颂为清官廉吏。"晏婴尚俭拒新车""吴隐之笑饮贪泉""狄仁杰铁面无私廉明断案"……这些都是清正廉洁的典型。

"一钱太守"

刘宠，东汉东莱牟平（今山东蓬莱东南）人，字祖荣。官至太尉。清廉温厚，家无积资。

会稽郡里，刘宠是最受老百姓欢迎的人。他一不搜刮百姓的钱财；二不贪污受贿。平日里勤于政务，爱惜百姓。在他任会稽郡太守这几年，人民生活得比以前好多了。

可是好事却变成了"坏事"，朝廷知道了刘宠在会稽郡的政绩，很赏识他，便调他到京城做更大的官。会稽郡的老百姓们都舍不得刘宠走，可又有什么办法呢？

这天，是刘宠离开会稽郡的日子，城里的老老小小，男男女女都拿着自家最好的东西簇拥着、等候在太守府门前。

"吱呀"一声，太守家的门终于打开了。刘宠依然穿着他来会稽郡时的那套简朴衣衫，跟随他多年的书童挑着行李箱子跟在后面。刘宠站在屋檐下，看到下面黑压压的人群，心中很是难过：他也不想离开这块自己工作了多年的土地呀！

人群拥了过来，没有一个人做声，只是纷纷将自己手中的、篮子内的、包袱里的东西往刘宠怀里塞。刘宠感动不已，他站在屋檐下，高声说："乡亲们，你们的心意我领了，可这些东西我是不会收的，我做太守这么多年，大家应该知道我的脾气

呀！大家还是回去吧！"刘宠推辞了半天，老百姓们才依依不舍地离开了。

走在路上，会稽郡的山山水水在眼前一一掠过，过了好久，刘宠激动的心情才平静下来。会稽郡很大，走了几日才到达会稽郡最边上的山阴县。刘宠怕惊扰百姓，便叫轿夫从旁边的小道绕过去。不想，刘宠的轿子刚走上旁边的小桥，就看见五六位白发苍苍的老人站在桥头，颤颤巍巍地挥舞着手叫他们停下。原来山阴县的老百姓听说会稽郡的刘太守要走了，特来送行。

刘宠一听是山阴县的老百姓来送他，赶忙下了轿子，快步走上前去，握着老人们的手连声表示感谢。刘宠说："我为官这几年没有做太多的事，你们这么大的年纪，远道来送我，真是让我惭愧呀！"

老人们老泪纵横，拉着刘宠的手说："刘大人，我们远离京师，与外界接触很少。从前，城里的太守只知道搜刮钱财，白天要，晚上搜，搞得鸡犬不宁，喊冤无门。自从您当太守后，再也没有人来骚扰了，夜里狗也不叫了，我们山阴县百姓现在的日子比以前过得好多了，全仗大人的英明！"

老人们擦了擦泪，又接着说："昨天听

为人要勤奋，为民要服务，为党要贡献，

说太守要去京城，大家都舍不得。我们几个老头估计大人今天必定经过小桥，特意在此等候。"说着，每人捧出一百文钱送给刘宠，请他收下。

刘宠哪能收老人的钱？他恳切地说："老人家，你们的心意我领了，钱我是万万不能要的。"

老人们都非常坚持，非要刘宠收下，推来推去，刘宠只好从每人手里各拣了一文钱，表示接受的意思，老人们这才挥泪告别。

刘宠望着老人们远去的背影，心潮澎湃，将手中的几文钱，轻轻抛入了小桥下面的河里，留下一文做纪念。小河静静地流淌着，仿佛也在传颂刘宠"一钱太守"的美名。

《后汉书·刘宠传》

本 篇 成 语 解 释：

1.【依依不舍】依依：恋慕的样子；舍：放开。形容有了感情，不忍离别。

2.【鸡犬不宁】宁：安宁。形容搅扰十分厉害，连鸡狗都不得安宁。

3.【心潮澎湃】澎湃：大浪相激。形容心情十分激动，不能平静。

对于我们来说，廉的品德是不可缺少的，干干净净做人，踏踏实实做事，可以使我们赢得别人的信任和尊重，稳稳当当地在社会上立足。

田豫受金

　　田豫，字国让，三国时魏渔阳雍奴（今天津市武清区东北）人。官至太守（一地军政长官）。镇守北方边镇多年，州界安定，百姓称道，胡人相率归附。为官清廉俭朴，胡人所送资财皆归入官府，家中贫穷困乏。

　　边疆的落日和内地是不一样的，开阔空旷的沙漠地带使落日显得特别大，特别红。红色的三角战旗、金色的盔甲和黄色的城墙处处显露出边疆的味道。田豫喜欢每天傍晚办完公事后在城楼上坐坐、走走。豪迈、悲凉一齐涌到田豫的心头。担任护乌丸校尉十多年来，他已经习惯了。只有这个时候，田豫才有空闲想想家人和故土。

　　"大人！"随从的一声疾呼惊醒了沉思中的田豫。

　　"什么事？"田豫问道。

　　"鲜卑素利求见。"随从拱着手回答。

　　一听到这个熟悉的名字，田豫不禁笑了。这几年和素利打交道实在是太多了，隔几天素利就要来一趟，每次总要给田豫送上几匹上乘的战马。田豫不好意思推辞，都收下了，然后交给了骑兵部队，并记录在案。

这次素利来干什么呢？田豫心想。

一会儿，素利上来了。他尖鼻短额，胡子长，头发卷，戴着一顶皮帽子，两根野兽尾巴做成的带子从两鬓垂下来，眼睛很小，不过在八字须的照应下显得不是那么难看。他一见到田豫，马上单腿跪下行礼，田豫扶他起来，和颜悦色地问："你有什么事吗？"素利"嗯"了一声，然后看了看四周的护卫和随从，赔笑着对田豫说："大人，可否让我和您单独谈谈？"

"可以。"田豫随即挥手示意左右退下。

素利见四周没人了，嘘了一口气，眨巴着眼睛对田豫说："大人，以前我送给您的马匹您为什么要上交呢？"

"你知道了？"田豫向前走了几步，回过头对素利笑着问。

"大人的清廉作风谁人不知，谁人不晓啊？我正是仰慕大人的这种作风，才送马给您的。"

田豫说："只要汉族和鲜卑族部落能和平安定，比送什么都好啊！"

素利点点头，说："大人这些年为边疆和我们鲜卑族做的好事，我们都记在心上，老早就想表达我们的一点儿心意，这次族人们托我带了点东西给您，送马太显眼了，送这个可能要好一些。"

他随即从怀里拿出一个包袱，打开一看，是一包金灿灿、明晃晃的金子。素利跪下，双手捧着金子恳切地说："上次我们部落遭到外部落的欺侮，多亏您仗义相助，赶走了外部落，我们心中一直很感激您，这点小意思请您无论如何都要收下！"

说着，眼里竟泪花点点。

田豫见素利动了真感情，不禁感动起来，点了点头，将金子接了过来。素利满意地回去了。

等素利一转身，田豫还和以前一样，将金子交给仓库，并且专门写公文将此事报告给朝廷。朝廷知道后，下诏褒奖他。同时，下令赏给田豫五百匹绢。田豫将五百匹绢的一半拨给仓库，另一半在素利来时，田豫给了他。素利每逢提起田豫，总竖起大拇指说："田大人果然是清廉一生，名不虚传啊！"

在田豫担任护乌丸校尉期间，边疆安宁，百姓安居乐业。

《三国志·田豫传》

本篇成语解释：

1.【和颜悦色】颜：本指额头，引申为面容，脸色。形容态度和蔼可亲。

2.【安居乐业】安：安心；乐：喜欢；业：职业。安心地住在那儿，喜爱自己的职业。形容人们安定地生活，愉快地劳动。

廉洁即不贪污、腐化，不奢侈浪费，不以权谋取私，不贪赃枉法，同时也指有道德修养，行为纯洁，不随便索取不应有的报酬和不正当的财产，并以身作则，同腐败现象做斗争。

父子双廉

胡质,字文德,东汉末魏初寿春(今安徽寿县)人。少年时知名于江、淮间。官至荆州刺史(荆州一地的军政长官),死后家无余财,唯有御赐的衣物、书籍等。

胡威,胡质之子,官至徐州刺史,政绩突出,所到之处,声望斐然。

三国时期,魏国有个叫胡质的官员,为政清廉。他的儿子胡威在父亲的熏陶和感染下,从小品行端正,志向高远。

有一年,胡质在荆州当刺史,胡威从洛阳去看望父亲。因为胡质为官清廉,家境并不宽裕,胡威没有钱雇车马仆人,只好一个人骑着驴前往。他每到一家旅店,都得亲自喂驴、砍柴、做饭,就这样一路到了荆州。

到了荆州,胡质见到了阔别多年的儿子,百感交集,父子俩别提多高兴了。但胡质不愿意让胡威住进官署,要胡威自己解决住和吃的问题。胡威也没怨言,在荆州城的十多天里,他就在一间简陋的马房里住。相聚的时光总是很短,十几天一晃就过去了,胡威也该回去了。临行前,父亲取出一匹当地的名产荆绢，送给儿子作为路上的食宿费用。

胡威看到这么名贵的丝绢，感到很吃惊，忙严肃地问父亲："父亲，不知这匹绢是从哪里来的？"

胡质微微一笑，说："这匹绢是我平日俸禄的剩余。"顿了顿，又说，"你和你母亲放心，我胡质决不会玷污自己的清白。"胡威这才点了点头，将绢收起。

回家路上，胡威一直舍不得把这匹绢换钱，依然是自己喂驴、砍柴、做饭。中途，胡威遇见了一位自称是回洛阳探亲的中年人。这位中年人十分热情，和胡威很谈得来，对荆州地区的情况特别熟悉，胡威和他结成了好朋友。那位中年人也很慷慨大方，在路上不时请胡威吃饭喝酒，还雇了一辆车与胡威一路同行。中年人的行为引起了胡威的怀疑，他心想：我和他接触时间不长，他为什么处处都不肯让我花钱，而让自己破费呢？这里面肯定有问题。

在胡威的再三追问下，那位中年人讲出了实情。原来，那位中年人是胡威父亲胡质手下的一位高级官员，也是胡质的得力助手。他对胡大人的清廉俭朴非常敬佩。胡威去见胡质时，他恰好去外面办事。回来后，他听人说，胡大人的公子远道而来，竟在马房待了十几天，回去也只是拿一匹绢作为路费，这也太寒酸了！这位官员想帮助一下胡威，于是打听到胡威回家的路线，借口探亲，请了假，快马加鞭，终于赶上了胡威。

胡威听了，诚恳地对那位官员说："大人的心意我领了，可您这样做，要我如何向父亲交待呢？这样吧，这匹绢算是您一路上在我身上花的钱的补偿，给您。"说完，将绢递给了那位官员。

过了不久，这件事让胡质知道了，他非常生气，严厉地处罚了那位官员，免了他的职务。这件事轰动了整个荆州城，胡家父子清廉节俭的故事，成为后人千古传颂的佳话。

《三国志·胡质传》《晋书·胡威传》

本篇成语解释：

1.【百感交集】感：感想；交：一齐；集：聚拢。各种感想都交织在一起。

2.【迫不得已】迫：逼迫。指出于逼迫，没有办法，不得不这样。

有人说，廉洁是一棵松，在万木凋零的冬日，她依然挺拔翠绿。

有人说，廉洁是一朵云，无论是凝成水结成冰，她依然净洁晶莹。

也有人说，廉洁是苦藤上结出的甜果，别人看起来很甜，但她却心里很苦。

卖狗嫁女

吴隐之，字处默，东晋濮阳鄄城（今山东鄄城北）人，善谈论，博涉文史，以儒雅著称。为官廉洁。官至中领军（国家重要的军事长官）。

东晋时期，有一个出名的清官，名叫吴隐之。他很小的时候，父亲就去世了，与母亲相依为命，过着非常简朴的生活。后来，他当了官，而且官越做越大，但他始终保持着清廉俭朴的品德，除了朝廷发的薪水之外，从不多取一分钱。另外，他始终不肯住进朝廷为他造的房子，多年来，全家老少一直居住在原来的旧房子里。对这一切，普通百姓既惊奇又钦佩，都说："吴大人才是咱老百姓的官呢！"

吴隐之有一个非常疼爱的女儿。女儿渐渐长大了，到了出嫁年龄。吴隐之与老伴一合计，决定在下月十五将女儿的婚事办了。

消息传出去后，吴隐之的好朋友、同事们都为他高兴，兴冲冲地等着喝吴大人的喜酒。日子一天天过去，眼看十五就要到了，可吴家既没有张灯结彩，也没有发帖请客，冷冷清清的，没有一点儿要办喜事的气氛。这可让吴隐之的好朋友谢石将军着急了。他想：吴隐之一生廉洁，历来崇尚节俭，最厌恶的就是摆阔气、讲排场，肯定不会给女儿出嫁准备酒席的。可这毕竟是大喜的日子呀，如果太过冷清，亲家来了，岂不笑话？

于是谢石就让自己的管家准备了一桌丰盛的酒席，到时给吴隐之大人送去。管家皱了皱眉头，说："吴大人是向来不收别人东西的，上次您托我送给他的荔枝，他都没收。这次如果还是那样，我可怎么办呢？"

谢石想了想，对管家说："你就跟吴大人说，小姐大喜之日，这只是谢将军的小小心意。我想这次是他女儿出嫁，该不会拒绝我吧。"管家点了点头，出去准备了。

大喜的日子终于到了，管家按照谢石的吩咐，一大早带着仆人抬着酒菜来到吴家低矮的大门前。只见大门紧闭，门外没有一个人，从门缝往里一瞧，寂静无声。管家心里正在犯嘀咕，门"吱呀"一声开了，一个仆人手牵着一条黄狗走了出来。管家忙上前询问："你家小姐是今天出嫁吗？"

"是啊！"

"那怎么一点儿动静也没有呢？"

"唉！"那仆人摆摆手，说，"别提了，我家老爷也真是太省了。小姐今天出嫁，老爷昨天才吩咐准备。我想这次总该花费一点儿钱吧，哪知老爷却只叫我把这条黄狗拉到市场上卖掉，得来的钱买点儿东西就行了。你想，一条狗能值多少钱？我看，平民百姓嫁女儿都比我家老爷气派体面！你说怪不怪，我家小姐跟老爷一个脾气，一点儿都不在乎！唉，想不通，想不通啊……"仆人摇着头，叹着气，牵着那条黄狗走了。

管家望着这冷冷清清的大门，不禁赞叹："吴隐之清廉，果然名不虚传啊！"

《晋书·吴隐之传》

本篇成语解释：

1.【相依为命】互相依靠着过日子。有时形容两种事物互相依靠。

廉洁是一种官德，是一种美德，更是一种境界；她使人威严，更使人崇高。她能使不正之风却步，腐败分子丧胆；她无私无畏，无坚不摧；她高风亮节，一身正气。她是民族精神的一种传承，她是政治文明的一种理念。

剪 发 待 客

陶侃，东晋庐江浔阳（今江西九江）人，字士行（或作士衡），官至征西大将军。

东晋时期，人们时常传颂一位廉洁奉公、爱民如子的大官，他勤俭，廉洁，四十年如一日，不喜饮酒、赌博，常勉人惜光阴，造船时竹头、木梢都储藏备用，为人所称赞。这位大官的名字就叫做陶侃。

陶侃从小就失去了父亲，孤儿寡母相依为命，生活非常清苦。平时，母子俩只能以粗粮杂菜度日。为了充饥，母子俩还经常到外面挖野菜。所以陶侃深知百姓生活不容易，为官四十一年，虽然官升得一次比一次高，手中的权力也越来越大，但他始终不贪私利，清贫度日，爱民如子，深受百姓爱戴。下面就有一个关于陶侃清贫廉俭的小故事。

那是发生在陶侃任浔阳郡守时的事。一天，陶侃少年时候的朋友范逵来到浔阳。在京城的时候，范逵就听说陶侃为人正直，善于治理政务，在当地百姓中很有威望，这次他正好来浔阳办事，顺便拜访一下陶侃母子。陶侃的母亲可慈爱了，小时候范逵经常来陶家玩，陶侃母亲总是讲一些有趣的故事给他们俩听，那情形至今还记忆犹新。一想到这儿，范逵不禁加快了脚步。经路人指点，范逵好不容易才在浔阳城东头找到了陶侃的家。

这哪里像一个郡守的家：屋子又矮又破，没有一点儿郡守的气派。范逵可见过不少郡守的家，豪华漂亮，门前一对大狮子一摆，别提多威风了！可陶侃家门前什么也没有，如同普通老百姓的屋子。范逵叹了口气，走上前去敲门。

门开了，出来的是一位仆人模样的老妇人，范逵忙拱拱手说："这可是陶侃陶大人的府邸？"

"是呀，您是……"

"烦你禀告你家老爷，就说范逵来访。"

"范逵？你是范逵？我是陶侃的母亲，认不出我来了吗？"老妇人很高兴地叫了起来。

范逵愣了一下，退了两步，他仔细地打量老妇人，终于在眉宇之间找到了昔日的影子。岁月如梭，陶侃母亲已经变得让人认不出来了。

老妇人热情地将范逵迎了进去，进门便喊："侃儿，你看谁来了？"

陶侃从里屋跑了出来,两个好朋友重逢,别提多高兴了。两人坐在桌子旁边,谈古论今,讲评着过去旧闻、今日时势,聊得格外投机。

陶侃的母亲见俩好朋友还是亲兄弟一样,心里也分外高兴,退了出来,准备上街买菜,做一顿好吃的招待范逵。可是陶母翻箱倒柜都没找到一分钱,本来还有二十两银子的,可是前天陶侃全部捐出去救济从北方流亡过来的老百姓了。这可将陶母急坏了,直在厨房转圈。怎么办呢?向别人借吧,不管怎么说,儿子是本地区最高长官,这不叫人家笑话吗?让客人空着肚子回去,这往后儿子在同事、朋友面前怎么抬得起头?想来想去,偶然间她看见鬓前散乱下来的头发。头发不是可以换钱吗?于是,她将自己的一头白发剪了下来,趁陶侃和范逵聊得开心,溜了出去,把头发换了些零碎钱,买了酒菜回来招待范逵。

陶侃母亲剪发待客,陶侃廉洁清贫的高尚品德一直流传了下来,名垂后世。

《晋书·陶侃传》

本篇成语解释:

1.【记忆犹新】犹:还。过去的事,至今还记得非常清晰,就像新近发生的事情一样。

2.【翻箱倒柜】形容彻底地翻检。现在有时比喻毫不保留地发表意见。

一条竹席

王恭,东晋大臣,字孝伯。官至刺史。道子执政时,王恭正色直言,为道子所忌,找借口杀了他。王恭性耿直,信佛道,临刑犹诵佛经,自理鬓发,无惧容,后追谥忠简。

东晋时期有一位名人,名叫王恭,是当时皇后的兄长,可他从来不摆皇亲国戚的架子和威风,相反,他廉洁正直,而且很有见识,官越做越大,声望也越来越高。

有一次,王恭奉皇上命令去会稽(今浙江省绍兴市)办理公务。那时他已经是朝中大臣,又是皇帝的亲戚,所以那些地方官趋之若鹜,都赶来巴结他,有的大摆宴席,有的私送珍宝,目的只有一个,就是想王恭在皇上面前替他们美言几句,好让自己升官发财。王恭将这些珍宝、吃喝都一一拒绝了。

不过他办完公事后,自己花钱在会稽城买了一床手工编织的竹席,带回了京城金陵(今南京市)家中。金陵城是有名的火炉,每年夏天都非常炎热,酷暑难耐,出去是火辣辣的太阳,回来是热哄哄的屋子。幸亏有从会稽带回来的竹席,王恭每次从衙门回来,坐在竹席上喝茶、看书,觉得清凉舒服极了。没多久,

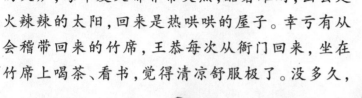

王恭已将这床竹席视为自己的心爱之物了。

有一天中午，王恭正坐在竹席上品茶看书，十分悠闲。这时，王忱(王恭的族叔)一身臭汗地从外面闯了进来。

没等王恭起身迎接，王忱就大叫："哎呀，真是热死我了！"说完，咕噜咕噜一气灌下了两大杯水，坐下来还直喘粗气。

王恭和王忱关系一向很好，年龄也差不了多少，相互之间走动十分频繁。王恭见王忱这么狼狈，不禁笑出声来，忙邀请王忱坐在竹席上一起品茶。王忱一屁股坐在竹席上，一股清凉之气传来，顿时觉得全身舒坦，燥热全消。他一边摩挲着竹席，一边赞叹道："真是好席，好席呀！你拥有这样的竹席，夏天便可高枕无忧了，这床竹席可是金陵所产？"

王恭笑着说："哪里，哪里，是我上次去会稽郡办事带回来的。"

"那可否给我一床？"

"这……"王恭一下子不知道如何是好。送吧，自己就这么一床心爱的竹席；不送吧，怎么说王忱也是自己的族叔，是自己的长辈。怎么办呢？

王恭咬了咬牙，说："行！我明天派人给你送去！"

第二天，王恭果然派人将竹席送到了王忱家里。

过了一段时间，王忱又来王恭家串门，一进门便夸道："你送给我的竹席，可真是件宝物呀！每天坐卧在竹席上，简直凉爽极了！"王恭苦笑了几声，没说话。

叔侄俩人又坐在席上，准备一起饮茶。不想，王忱一坐，觉得席子又扎又热，一看，是一条草席！他忙问王恭，才得知王恭在会稽郡只买回一床竹席！

王忱后悔得直捶自己的脑袋，连连自责，说："我以为你去会稽办事，这竹席肯定是当地官员送的，而且不只一床，所以张口向你要了一床。我真是糊涂，京城上下谁人不知你王恭是个绝对不收别人礼物、廉洁有名的人，明天我就让人给你送回来。"

王恭哪肯接受，再三推辞，王忱也只好作罢。王恭身为皇亲国戚和朝中大臣，生活却如此简朴，令王忱十分钦佩，他常常以此事教育自己的家人，要他们向王恭学习。

《世说新语》

本篇成语解释：

1.【趋之若鹜】趋：奔赴，归附；鹜：鸭。像鸭子一样，成群地跑过去。比喻许多人争着去追逐(不好的事物)。

2.【高枕无忧】枕头垫得高高地安心睡觉。形容无所顾虑。

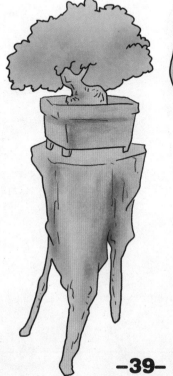

屯田护民

羊祜，西晋大臣，字叔子。泰山南城（今山东费县西南）人。以清德闻名，官至征南大将军。

羊祜是西晋时期的名将。羊祜的祖父和父亲都做过大官，他们清廉奉公的作风深深地影响了羊祜。羊祜为官也正直无私，廉洁奉公，所以朝廷非常器重他。

公元265年，羊祜被封为征南大将军，负责南方的军事活动。在去之前，羊祜听人说过，南方正遭水灾，粮食匮乏。可到了南方，看到的比想象的更糟。

南方遭到水灾之后又遭旱灾，一年下来几乎是颗粒无收，百姓没有办法，只好到处流浪。没有粮食可吃，草根树叶都吃光了，有些地方甚至还发生了人吃人的现象。看来是无法从百姓那里筹措到军粮了，那怎么办呢？羊祜伤透了脑筋，想来想去，却始终没有一个好办法。

手下一位将领见大将军整天愁眉不展，就不以为然地对羊祜说："百姓供应军队粮食，是天经地义的事，没有就设法去要、去拿，甚至可以去抢！不然，我们没粮食，怎么去打仗？"

羊祜把手一拦："不行，绝对不行！老百姓已经这么苦了，我们还忍心拿着枪、拿着刀去强迫他们交出仅有的一点儿粮食吗？这不是逼着老百姓四处流浪、到处讨饭吗？这种侵害百姓的事，我绝对不做！"

"可、可这几万士兵要吃饭呀！"那位将领见这也不行，那也不行，也着急了。

羊祜背着手在房里转了两圈，紧锁的双眉突然舒展开来了，对那位将领说："效法古人，屯田垦荒！"

"什么，要我们去种地？"将领惊讶地张大了嘴巴。

"对！"羊祜满怀信心地说，"这样，就可以解决士兵的粮食问题了，多出的粮食又可以救助灾民百姓，一石二鸟，何乐而不为呢？"

那位将领见大将军决心已定，也就无话可说了。

羊祜立即在军队中进行垦荒屯田总动员。第二天，军中就有一半士兵扛着农具，牵着耕牛开始开垦荒地。一个月之后，共开垦荒地八百多顷。当地的老百姓见羊祜的部队没来征收粮食，早已心存感激之情，现在见士兵垦荒屯田，自食其力，十分感动，也纷纷集合起来，和部队一起干活。

"一分耕耘，一分收获"，经过一年的辛勤劳动，羊祜他们当年就获得大丰收，收获粮食五

只要使得作官的清正，当吏的不横行霸道，就可以使人民拥护，就可歌舞升平了。

百万斗，仓库都堆满了。羊祜和将领们望着这黄灿灿的谷子，都笑了。

这样垦荒屯田一直坚持了三年，收获的粮食不仅解决了军粮问题，减轻了当地老百姓的负担，而且还接济了那些贫困缺粮的老百姓。老百姓安居乐业，对羊祜感激不尽，写下万民书上奏朝廷，恳请朝廷好好奖励羊祜。羊祜听到此事，马上给朝廷写了一封信，表示推辞。

羊祜清廉爱民的美名更是名扬四海。

《晋书·羊祜列传》

本篇成语解释：

1.【愁眉不展】展：舒展。由于忧愁双眉紧锁。形容心事重重的样子。

2.【不以为然】不认为是对的，表示不同意(多含轻视的意思)。

3.【天经地义】经：常规，原则；义：正理。指天地间经久不变的常道。又指正确的、不可改变的道理。

4.【何乐而不为】为什么不乐意做呢？意为很愿意做或可以去做。

廉洁是人类正义的化身，是权力文明的标志，是"一切权力属于人民"的民主思想的结晶，是世间永恒、不可战胜的力量。

崔光拿绢

崔光，北魏东清河鄃(今山东平原西南)人。字长仁，本名孝伯，曾佣书为生，后为著作郎，参与编撰文书，孝文帝誉为"今日之文宗"。后官至司徒(掌管籍田，征发徒役之职)。崇信佛教。

北魏孝文帝即位时，年纪还很小，便由他的母亲胡太后替他管理国家大事。当时国家很富裕，仓库里什么铜钱、丝绢、绸缎等等，多得数不胜数，连走廊里都堆满了。

太后看到这种情景，非常高兴，兴奋得在宫里直转圈："好啊，好啊！终于盼到国家富强的这一天了，真是可喜可贺呀！传令下去，今天下午在宫中摆上几桌，让大臣们好好吃一顿！"

一个名叫李崇的大臣瞅着胡太后这么高兴，满脸堆着笑对胡太后说："太后，库房里的绢、丝都堆不下了，放在走廊里风吹日晒的，难免会腐烂掉，怪可惜的，我看不如……"

胡太后瞟了李崇一眼，笑了笑，接着他的话头说："我看不如让大家都拿点儿，是不是？"

李崇红着脸，不知说什么好。胡太后见到他这副神情，哈哈大笑说："行，放着也是烂。传令下去，下午吃完饭后，大臣们一起到库房，能拿多少就拿多少！"

大臣们马上跪下来磕头，感谢胡太后的

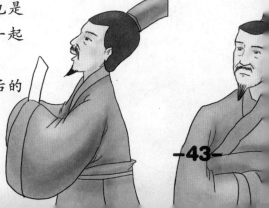

恩典。大家都兴高采烈的，只有一个人皱着眉头，他就是担任侍中的崔光。

这天下午宴会后，库房前人来人往，热闹非凡，胡太后在一张椅子上坐着，看着大臣们排着队进库房拿丝绢。别看这些大臣们平时在众人面前穿着得体，举止优雅，谈吐不凡，可排着队到了库房，看到那些华丽丝绢，竟连一丝一毫的风度也没有了，一个个手拿肩扛，力气大的自然拿得来，趾高气扬；力气小的见了，也不甘落后，使出浑身解数，手脚并用，丑态百出。

特别是章武王拓跋融和李崇两人，肩上扛着两大捆丝绸，两手紧紧抱一大卷绢帛，心里直埋怨爹娘，没多给他生出几条腿、几只手。累得满头大汗，可他们也顾不上这么多了，跌跌撞撞地往前走，还未走出库房，就"哎哟"一声摔倒在地，跌了个狗啃泥，躺在地上直哼哼。

在一旁的大臣不禁哄然大笑，胡太后看到这丑态，觉得又可笑又可气："这两人也太贪了！"于是下令："这两人一匹也不给。"两人垂头丧气，一瘸一拐地走了，队伍继续向前推进。快轮到崔光了，崔光一动也不动，后面的人催促他说："你怎么这么傻呀？你好几年还穿着这一套旧衣服。趁这难得的机会，能拿多少就拿多少吧，回去起码能给你做几套新衣服呀。"

崔光说："衣物布料乃是身外之物，又不是做官的根本，我何必去拿呢？"还是不动。

胡太后在旁边看得真切，见崔光不愿进去拿绢，心中暗暗称赞，嘴里却说："崔侍中，你还是进去拿吧。"

崔光见胡太后发话，不好推辞，只好进去了。没过一会儿，崔光就出来了，一手拿着一匹丝绢。胡太后很是奇怪，便问他："崔侍中，

次诱惑将一路顺风。

扣错第一颗纽扣将一错到底，挡住第一

为何拿这么少？"

崔光恳切地说："我只有两只手,只能拿两匹。国家虽富,但我拿这些已经够多了。"

胡太后和众大臣都默不做声。过了好一会儿,胡太后才叹道："崔侍中果真清廉!"

后来,崔光升了官,但廉洁如初。

《太平广记·崔光》

本篇成语解释:

1.【趾高气扬】走路时高高举步,神气十足。形容骄傲自满、得意忘形的样子。

2.【丑态百出】指令人厌恶的样子或举动。

廉洁,作为一种社会价值取向,始终引领着社会向前发展,形成一种良性的追求。这种价值追求早在战国时期便已出现,屈原的《楚辞·招魂》中有:"朕幼清以廉洁兮,身服义而求沫"。随后一直沿用,直至今天。

延之诫子

颜延之，南朝宋文学家，字延年，琅邪临沂（今山东临沂北）人。少孤贫，好读书治学，官至太守，文词显于当世，代表作有《北使洛诗》等。

颜延之是个诗人，文章写得相当漂亮，在当时名气很大。可颜延之也是一个很倔的老头，他不仅要求自己做到廉洁俭朴，而且要求身边人也这么做，这自然遭到一些人的嫉恨。最后颜延之见在朝廷不能容身，一气之下辞去了官职，回家专心写作去了。

别人管不了，自己的儿子总可以管吧？所幸的是，儿子颜竣在颜延之的教育下品德高尚，才华出众，很快就升为吏部尚书。

这一天，颜延之仍然穿着他那件旧布衣服，乘着那辆破牛车去城东看一位老朋友。牛车在大街上慢慢走着，车子发出"吱吱嘎嘎"的声响。颜延之闭着双眼，还想着刚才写的一首诗。

突然，大街上行走的人们都慌乱起来，路边卖东西的小贩

赶紧收拾东西向旁边避让。大街上，女人的尖叫声、小孩的哭声和人们奔跑避让的脚步声混在一起，乱成一片。颜延之忙睁开眼，叫车夫将车停在路边，看看出了什么事。只见迎面一队人马飞驰而来，十几名身穿盔甲、手持宝剑的士兵骑在马上，凶神恶煞般驱赶街上的人群。马队后面跟着一辆装饰华丽的马车，车门用绸缎绣锦门帘掩着。

"这是谁呀？这么大的威风！"颜延之叫车夫去打听。

不一会儿，车夫回来了。颜延之问："是谁？"

"是……"车夫低着头，吞吞吐吐。

"你快说，是谁呀？"

"是……是公子颜竣！"

"颜竣！是这个臭小子？"颜延之顿时肺都气炸了。他马上叫车夫将马掉转头，直奔儿子的衙门。一进衙门，儿子端茶上来，颜延之理都不理，板着脸坐在椅子上，一句话都不说。

颜竣见父亲这副模样，笑着将茶杯推到颜延之面前，说："父亲，怎么了，是谁惹您生气了？"

颜延之眼皮都不抬一下，"哼"了一声说："你今天可够威风的！把你老子的脸都丢光了。"颜竣愣了一下，才恍然大悟："哦，您是说我上朝啊，每个官员不都是这样吗？"

"别人是这样，你不准这样！"颜延之转过头，花白的胡子

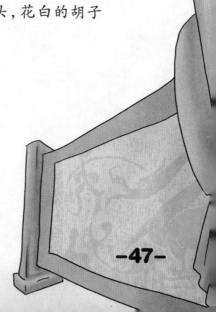

直打颤，打断儿子的话继续说，"我以前是怎么教育你的，你都忘了？一个人的高尚品德要从平时的一点一滴做起，不能因为做了高官就不同了，就改变了！如果你只知道显威风，搞摆场，那怎么能做到廉洁奉公，报效国家呢？你这不是自甘堕落吗？"

颜竣面红耳赤，一句话也说不出来。在颜延之的训诫下，颜竣终于改掉了以前的坏毛病，廉洁俭朴，成为了一位老百姓爱戴的好官。

《南史·颜延之传》

本 篇 成 语 解 释：

1.【凶神恶煞】指非常凶恶的人。

2.【吞吞吐吐】形容有顾虑，有话不敢直说或说话含混不清。

3.【面红耳赤】赤：红。脸和耳朵都红了。形容羞愧的样子，也形容着急或者发怒的样子。

颜延之自身清廉，并且严格要求儿子，儿子听从父亲的教诲才成为一位俭朴廉洁的好官，将父亲"廉"的精神传承下去。

廉而含冤

斛律光，南北朝北齐朔州（今山西朔县）人。高车族（古代北方少数民族）。字明月，将军世家出身。善骑射。长期从事对北周的战争，屡获战功，官至左丞相。后为齐后主所杀。

斛律光是南北朝时北齐一位很会打仗的将军。他精通兵法，爱兵如子，每次打仗都能够取得胜利，皇帝很高兴，让他当了左丞相。斛律光当上左丞相后和以前没什么区别，一样的廉洁勤俭，一样的爱兵如子，因此很受士兵和百姓的爱戴和拥护，声望也一天比一天高。可这却引起朝廷中一个人的嫉妒，他的名字叫祖珽。

祖珽是个阴险的家伙，他没有什么本事，就会溜须拍马。当时的皇帝又是个昏庸的人，特爱有人给他戴高帽子，所以祖珽凭着他那张巧嘴，成了皇帝面前的红人。祖珽知道自己肚子里没多少货，为了保住自己的荣华富贵，对于其他有名望的大臣，他都加以打击。斛律光一向瞧不起祖珽，不愿与之同流合污，祖珽更是记恨在心了。

这一天，斛律光率领部队又在战斗中取得了重大胜利。消息传到朝廷，皇帝龙颜大悦，对手下人说："告诉斛律光，要他好好地打，回来我给他加封更高的爵位，给更多的奖赏。"这嘉奖令一下，祖珽可慌了，斛律光当上更大的官，对他来讲，威胁可就更大了。他慌忙对皇帝说："陛下，微臣有话要说。"

皇帝正高兴着呢，挥着手说："那你就快说呀！"

"这话只能跟陛下一个人说。"

皇帝一愣，心想：他可能有什么重大事情汇报，就说："你随我到后宫来！"

祖珽随皇帝到了后宫，神神秘秘地对皇帝说："斛律光打了胜仗，您知道他为什么这么卖命吗？"

"当然是为了国家，为了朕呐，这还用问吗？"皇帝不以为然。"陛下，您错了。斛律光身为左丞相，掌握全国的兵权，现在打了胜仗，威望是越来越高，他谋起反来可是易如反掌。况且斛律光早有谋反之心，常常在背后说陛下的坏话。陛下可要早下决断呀！"祖珽嘴巴不停地向皇帝叨咕着。

皇帝虽然什么都不在意，但唯独把皇位看得比命还重。他听到这话，心想，这还了得？马上下令将斛律光召回，不分青红皂白地将他杀害了。可怜一代忠臣，最后就这样不明不白地死了。

斛律光死后，祖珽除了心头之恨，更加趾高气扬，马上带人来斛律光家抄家。他坐在太师椅上，得意洋洋地想：斛律光身为左丞相，虽然听说他廉洁奉公，没有多少家产，但不管怎样，总该有些宝物吧？如果被我抄出来，你斛律光更是罪上加罪。他正在那里美滋滋地想着，抄家的人回来了！

"报！"他眼皮没抬，嘴巴里蹦出一个字。

"朝廷恩赐的弓五十张，贝刀

七口，赐槊两支。"

"还有呢？"祖珽有点不相信自己的耳朵，就这么点儿东西？

"还有……"

"快说呀！还有什么？"

"还有，还有枣树枝二十根。"

祖珽听罢，像个泄了气的皮球瘫在太师椅上。听说斛律光家里一贫如洗，大臣们无不为斛律光的廉洁和冤屈而热泪盈眶。皇帝听了，也后悔得说不出话来。

《南朝齐·斛律光传》

本篇成语解释：

1.【荣华富贵】荣华：草木开花，引申为昌盛；富贵：有财有势。旧指有钱有地位，兴旺荣显。也作"富贵荣华"。

2.【同流合污】原指随世浮沉，后多指跟坏人一起做坏事。

廉洁已经深入人心，得到了人们的认可，形成的是一种具有约束力的道德准则，现在更是上升到一个更高的层次——法律准则。

织 机 夜 鸣

郑善果，唐郑州荥泽（今河南郑州西北）人。北周时袭父爵为开封县令，时年九岁。隋时任太守，母崔氏常于阁内听他理事，得当则喜，不得当则不与之言。他由此励己为清吏，后至唐任尚书职。

郑善果是位将军的后代，从小就喜欢舞刀弄剑，在父亲的指点下，他少年时就熟读兵书，练就了一身好武艺。可不久，他父亲在建立隋朝的战争中战死了，他只得靠母亲织布养活。当时朝廷正是用人的时候，见郑善果能文能武，便在他十四岁时委任他做太守。

郑善果的母亲是一位聪明贤慧、懂道理的妇人。每当郑善果在厅堂里办公审案子，她就在屏风后面仔细听着。等郑善果回来，她就一一指出郑善果哪里做得对，哪里做得不对。她经常告诫郑善果说："你父亲一生廉洁俭朴，爱护百姓就像爱护自己的儿子，最后牺牲在战场上，留下一世英名。你年纪不大，国家却这么重用你，我希望你能像你父亲一样，为国为民多做一些好事。"郑善果将这些话都牢记在心里。

一天晚上，夜已经很深了，只有草丛里的小蟋蟀还

在不停叫着。一轮明月挂在天边，清亮的月光均匀洒在院子里。郑善果站在院子里看着挂在天边的明月，他的身子被拉成一个长长的影子。他年纪不大，但少年老成，多年的做官经验和母亲的指点使他一天比一天成熟。今天忙了一整天，终于将那个贪官捉了起来，郑善果感觉终于出了一口气。他刚写完给朝廷的奏章，夜虽然深了，心里却格外舒畅！

　　他在院子里打了几路拳，正要拔出宝剑练一下剑法，忽然听到母亲房里传来一阵"咔哒"、"咔哒"的织机声。他听了一会儿，将宝剑又重新装回鞘里，回到屋里拿起一件披风来到母亲的房里。

　　母亲的房间很小，只有一张粗板床和一张破旧的桌子，除此以外，就是一张大大的织布机。母亲正就着微弱的烛光，手里不停地忙活着，豆大的汗珠从她消瘦的脸上淌了下来。

　　郑善果看到这情形，鼻子一酸，眼泪差点儿掉了下来。他揉了揉眼睛，笑着对母亲说："娘！这么晚您还忙呢？"

　　母亲回头一看，见是儿子，忙笑着说："晚上没事，闲得慌。我织完这匹布就去睡。"郑善果将手中的披风给母亲披上，母亲露出欣慰的笑容。

　　郑善果想了一会儿，对母亲说："娘，其实您不必这样辛苦，每天都织布缝衣，这都是下人干的活！孩儿现在身为太守，俸禄优厚，不愁吃，不愁穿的，何必劳您干这种粗活呢？"

　　母亲正高兴着呢，一听这话，脸马上沉下来了，停下织机，转过身来，语重心长地对郑善果说："孩儿呀，我以为你长大了，应该知道一些道理了，可今天听了你这番话才发现，你原来一点儿都没懂。"见郑善果一声不吭，她又说，"你父亲一世英名，全靠廉洁奉公。我常常告诉

你，朝廷信任你、百姓拥护你，才让你当了官，做官可不能只懂得享受，而不知廉洁奉公啊！你若真是孝顺我，就应当支持我纺纱织布，而不应该让我做一个整天无所事事的贵妇人呀！"

郑善果早已泪流如雨，哽咽着直点头。月光如水，照在田野上，也照在这官府的小院里，宁静的夜色中依然响着"咔哒"、"咔哒"的织机声。

《隋史·郑善果传》

本 篇 成 语 解 释：

1.【少年老成】指年轻人举止稳重、办事老练。
2.【无所事事】事事：做事情。闲着什么事也不干。

一个廉洁的社会有助于形成良好的社会风气，促进社会的和谐与经济发展的良性循环；反之，腐败现象的频繁发生将会导致一个社会承受沉重的政治代价和经济代价。

李母退米

李畬,唐时大臣。字玉田。累官至国子司业(相当于皇帝顾问,负责起草文书等)。

在长安城北的小胡同里,人们都知道有一位姓李的老太太,她慈眉善目,心肠特好,街坊谁有个头痛脑热什么的,她都会过来嘘寒问暖,人们都非常敬重她。李老太太有个儿子,名叫李畬,在朝廷里做监察御史。他对文武百官不廉不法的行为非常不满,同时也对自己要求十分严格,从不以权谋私。李老太太为有这样廉洁奉公的儿子感到非常自豪。

李畬办公常常是白天干不完,晚上接着干,很少有时间回家看望母亲,但每个月的十五必定回家一次。这个月的十五这天,李老太太一早就起床,收拾这收拾那,将屋子打扫得干干净净,干完后,又出去买了几样好菜,准备烧火做饭。

今天畬儿将要回来,又可以和儿子说说话,聊聊天了,心里真是高兴啊。李老太太一边费劲儿地剖着鱼,一边心里挂念着儿子,恨不得马上就能见到儿子。她干得如此专心,以至于外面的人进来她都没有发觉。

"老夫人!老夫人!"来人喊道,手提着一袋东西。

李老太太猛地一抬头，看清楚来人。

"哦，您是……"李老太太不认识进来的不速之客。

"哦，我是李畬李大人的属下，名叫张直。李大人托我将禄米（就是古代国家给官员的每月口粮）带回来，并让我代他给您问好。"张直很恭敬，随手将手里的禄米拿了上来，放在桌上。

李老太太有点儿失望，她站起身，把围裙取了下来，问张直："李大人今天不回来吃饭了？"

"是这样的，李大人刚接了件案子，皇上催得很紧，看来这几天又要忙通宵了。"这时，李老太太已从里屋拿出一杆秤；张直忙问："您，您要称禄米？"

"对呀。"李老太太左手提着秤绳，右手在张直的帮助下将禄米挂在秤钩上，看了看，发觉不对劲：多了三石！

"这怎么一回事，怎么多了三石？"李老太太厉声问张直。

多了三石？张直又仔细看了看秤，没有错，确实多了三石。

"这，这我也不知道！"张直觉得李老太太太古板了，多出了三石就收着呗，又不是李大人贪污的，真是！

李老太太不说一句话，将禄米倒出一些，放在秤盘里，一点儿一点儿地称，直到三石为止。然后将这多出来的三石用袋子装好，递给张直说："你回去将这多出来的三石禄米给我退回去！"

"老夫人，这禄米按照以前的规矩是从来不称量的，也不需要退还的。再说三石又算得什么呢？"张直觉得这李老太太固执得近乎愚蠢。

李老太太听到这话，正色道："我一个老妇人，虽然不懂得什么大道理，但我知道，做官要廉，做人也要廉，公家的就是公家的，虽然三石算不了什么，但我不能干对不起自己良心的事！"

后来，李老太太将此事告诉了李畲，李畲连声说："娘，您做得很对！"

《朝野佥载》

本篇成语解释：

1.【慈眉善目】形容人善良慈祥的样子。

2.【不速之客】速：邀请。没有经过邀请而突然到来的客人。指意想不到的客人。

腐败、个人主义只会害人害己，只有廉洁才是一条正确的路。稍有些理智的人，不想被人民和历史抛弃的人，都会选择正确的路，少数铤而走险、冒天下之大不韪的人，都不会有什么好的下场，结果只有被人们所抛弃。

馀庆设宴

郑馀庆，唐朝大臣，字居业，年轻的时候擅长写文章。后多次为相，律己颇严，禄米皆济所亲，急人之急。

打郑馀庆记事开始，生活就围绕着一个"穷"字：粗米饭、破衣服和穷朋友。后来郑馀庆当了宰相，尽管当时社会腐化堕落现象十分严重，但他对少年时期的穷苦生活还记得很清楚，对那些穷苦的人们很同情。他常常将自己的俸禄送给别人，自己却过着非常俭朴的生活。他还热衷于办学，经常带领官员一道捐钱修复国子监（中央教育机构）。因此，郑馀庆在当时很受人尊敬。

有一天，宰相府的大小官员都接到请帖，说下午郑馀庆在家里请大家吃饭。同事们一个个你看我，我看你，都觉得很惊奇。

一个说："郑大人清廉节俭是出了名的，而且最痛恨请客吃饭，怎么今天请我们去吃饭呢？"

"嗨！操那么多心干什么？他请我们去，我们就去，到时候再说。"另一个人撇了撇嘴，不以为然地说。

到了下午，大家三三两两地去了郑馀庆的家。这里实在不像一个官居高位的宰相所住的地方，房子不仅低矮，而且里面又破又旧，连个花瓶之类的古董都没有。不过家里还算整洁干净。郑馀庆热情招待大家坐下，聊起家常来。郑馀庆平时很严肃，但在家里却平易近人，与客人们有说有笑，客厅里不时发出一阵阵笑声。

时间过得很快，郑馀庆笑着对大家说："大家的肚子都咕咕叫了吧？"

大家相互看了一眼，笑而不语。

郑馀庆便叫仆人过来，对他说："去告诉厨子，烂蒸去毛，莫拗折项。"

仆人走了，客人们相互挤了挤眼睛，心里却在想："今天郑大人还算大方，蒸鹅给我们吃，不错，不错啊！"每个人心里都展开了想象的翅膀。

不久，仆人们端着碟子和酱醋出来了。酱醋倒在碟子里，香味扑鼻，更加引起了大家的食欲，有的甚至唾液分泌过多，直吞哈拉子(唾液的俗称)。

又过了一会儿，仆人端出饭菜：每人面前一碗小米饭，蒸葫芦一个。

郑馀庆见大家都不动碗筷，对大家说："大家吃啊，不要客气。"

大家又相互望了望，有的甚至还往厨房的方向望了望，坐在郑馀庆旁边的一个人悄声对郑馀庆说："郑大人，不是说上蒸鹅吗，怎么还没上来？"

郑馀庆一本正经地大声说："蒸鹅？我说过要上蒸鹅吗？"

坐在郑馀庆对面的一位中年官员

说："您不是说'烂蒸去毛,莫拗折项'吗？"

郑馀庆依然一本正经："是啊,我说过,但这道菜就是指蒸葫芦呀!"

大家才恍然大悟,大呼上当。"烂蒸去毛,莫拗折项"就是指将葫芦小白毛去掉,颈项部分不要折去。这些人平时吃惯大鱼大肉、山珍海味,看到小米饭和蒸葫芦,怎么吃得下!

郑馀庆夹起葫芦蘸了蘸酱醋,咬了一口,放下筷子说："我今天请大家来寒舍做客吃葫芦,没有其他的意思,只因为我看到我们中间有一些不好的风气在蔓延。国家还不富裕,可朝廷上下大小官员却都追求豪华奢侈,吃饭非鸡鸭鱼肉不吃,住房非金碧辉煌不住。长此下去,国家将会变成什么样？今天吃葫芦,主要是希望大家养成廉俭的作风。"

同事们一个个默不做声,过了一会儿,都拿起筷子津津有味地吃了起来。郑馀庆看到这情景,笑了。

《太平广记·郑馀庆》

本 篇 成 语 解 释 ：

1.【平易近人】比喻态度和蔼可亲,使人容易接近。

2.【山珍海味】山珍：山间出产的珍异食品。指各种珍贵食品。

3.【金碧辉煌】金碧：指国画颜料中的泥金、石青和石绿。形容建筑物装饰华丽、光彩耀眼的样子。

古语云："欲治其国者,必齐其家;欲齐其家者,必修其身;身修而后家齐,家齐而后国治,国治而后平天下。"修身为先,而后方可进行一些管理的事务。

无钱立碑

卢怀慎，唐滑州灵昌（今河南滑县西南）人，玄宗时任宰相。自知才能有限，特别致力于荐贤举能。为官廉洁，家无储蓄，生活贫穷。

卢怀慎卢大人病了！这消息传到朝廷，唐玄宗马上派了两位大臣代表皇上去看望宰相卢怀慎。

两位大臣一踏进宰相府，简直不敢相信自己的眼睛，这位一人之下、万人之上的大官竟然住在这样简陋的破房里。屋里一件像样的家具都没有，更谈不上金器和玉器了。卢怀慎躺在木板床上，身下是一张破烂的竹席和单薄的床垫，房门上连张竹帘也没有挂。

两人刚坐下一会儿，天气突然变了，刹那间阴云密布，狂风骤起。不一会儿就渐渐沥沥下起雨来，而且雨越下越大，狂风裹着雨点儿，直扑进门内。很快，卢怀慎的床前被淋湿了一大片。两位大臣和卢怀慎的家人赶紧奔出屋外，冒雨找来几张草席，堵住了房门。两位大臣忙完，看到宰相府里

廉官生活清贫，毫不讲究。

-61-

破旧散乱的样子，心中感叹不已。

不久，卢怀慎因病重去世了，幸亏有唐玄宗赐的棺木，家人才得以将他安葬。

不觉一年过去了。这天，唐玄宗出外打猎回来，走在回京城长安的大道上。唐玄宗特别高兴，因为今天他一个人就打中了三只野兔、一只野鸡，收获不小！他骑着马"嗒嗒"地走在队伍的最前面。

路过一片坟地，有几家人正在烧纸钱祭奠亲人。唐玄宗正想快马加鞭，离开这块坟地，忽然他觉得在上坟的人群中似乎有个熟悉的身影，定睛一看，原来是前任宰相卢怀慎的儿子。他一下就想起了不久前去世的卢怀慎。"卢怀慎一身清廉，奉公无私，我应该去看一看！"想到这里，唐玄宗跳下马，带领着手下向卢怀慎的坟地走去。

卢怀慎的儿子见皇上来了，赶紧招呼家人磕头请安。

唐玄宗忙叫他们起身，对卢怀慎的儿子说："你父亲一生清廉，我失去他，心里很难过。我今天路过此地，特来看看他。"

坟不大，一年的时间，早已是青草丛丛，白花点点，坟前除了几炷香之外，连墓碑都没有。

唐玄宗忙问："卢爱卿怎么连墓碑都没有？"

卢怀慎的儿子垂着头低声说："这，这，因为父亲没有积蓄，皇上所赐的钱物均已用光，做墓碑的钱也没有了。"

唐玄宗听到这话，心情异常沉重，重重地叹了口气，眼睛也湿润了。回宫以后，唐玄宗立即命人起草碑文，他亲自书写。

不久，已是芳草萋萋的卢怀慎的墓前竖起了一块巨大的墓碑，它似乎昭示着卢怀慎的清廉。

《新唐书·卢怀慎传》

本篇成语解释：

1.【淅淅沥沥】形容轻微的风声、雨声和落叶声等。

2.【快马加鞭】骑的马本来就很快，再加上几鞭子。形容飞快地驶过。也比喻快上加快。

希腊哲学家柏拉图认为："人生最重要的事莫过于提高自己的修养。"因此，有"欲廉洁，先修身"这一说法。

刘晏买饼

刘晏，唐朝理财家。字士安，曹州南华（今山东东明）人。他选用人才，制定法令，廉洁奉公，理财达二十年，改善了唐后期财政混乱的状况。后被人陷害而死。官至同平章事（相当于丞相之职）。

长安，就是现在的西安市，是唐朝的京城。它不仅是唐朝皇帝和中央各衙门的所在地，在当时也是世界上屈指可数的大都市。在这样的繁华大都市里，有一条普普通通的胡同，胡同里，有一座普普通通的房子，房子大门上原来的颜色早已看不出来，院内也没有豪宅里常见的亭子、假山等，甚至官员门前常见的拴马柱也是用一棵歪脖子树代替的。这里住的可不是一般人，而是唐朝最著名的处理财政问题的专家刘晏。

刘晏在朝中担任很重要的职务，管财政达二十年之久，从他手里经过的银子不下几十万两，可他却始终保持着清廉的作风，日子过得十分俭朴。

这年冬天的一个清晨，天阴沉沉的，北风呼呼地刮着，刘晏和往常一样坐着那辆破旧的马车去官府办事。透过门帘，只见路旁的树光秃秃的，树叶不知什么时候都掉光了，昨晚的一场大雪使大地到

处都是银白一片，街上行人很少，只有几家卖早点的铺子开着门。马车慢慢地碾着积雪向前走着，发出"吱吱嘎嘎"的声音。刘晏一边看着车窗外的雪景，一边估量着这场大雪可能给国家财政造成的影响。

忽然，一阵北风吹来，掀起门帘直往车子里灌。刘晏又旧又破的棉袍怎能抵挡这么强劲的北风呢？他冷得直打哆嗦，两条腿冻得又硬又疼，他不得不把冻僵的双手放在胸前紧握着，脚不住地跺着，可是不管用。他想：下车吃点儿东西暖暖身子，应该会好一些。于是，他便掀开帘子，对车夫说："你在旁边停一下，我下去买点儿东西吃。"

马车在前面停了下来。这里已经靠近繁华地段，铺子和行人也多了，刘晏走下车，走到一家卖面条和馄饨的铺子前，问店家："老板，这面条多少钱一碗？"

店家很客气地说："很便宜啦，客官，只需四吊钱。"边说边伸出四个手指。

"四吊钱！这可太贵了！"刘晏摆摆手，向另一家铺子走去。

"四吊钱还贵？我呸，真是个乡巴佬！"那个店家见刘晏不买他的面条，便恼怒地在后面骂了一句。

刘晏毫不在意，继续在几家铺子中寻找最便宜的。终于，他在一家铺子里发现了一种烧饼，一个只要一吊钱，刘晏很高兴，买了两个上了车。

这时，有几辆装饰豪华的马车路过，有些车里的官员认识刘晏，忙指着刘晏吃烧饼的样子，对同伴说："你看，是那只'铁公鸡'。他竟然吃这种在我家连狗都不吃的东西！"

那些人像发现什么特大新闻似的，放肆地

笑起来。

几个富家子弟更是极力嘲笑刘晏，冲着刘晏的马车大声喊道："乡巴佬！土包子！"

车夫忍不住，正想还嘴，刘晏却拦住他，心平气和地说："廉洁朴素是我做官的基本准则，我能保持到今天，还在乎别人说什么吗？"

车夫点点头，马鞭一甩，口里大叫一声："驾！"

太阳升起来了，马车沿着铺满金光的大道飞也似的向前奔去……

《新唐书·刘晏传》

本篇成语解释：

1.【屈指可数】扳一扳手指就数得清。形容数目很少。
2.【心平气和】心情平静，态度温和。

一九九六年初，湖南省委书记王茂林带省委调查组到花垣县进行调查时，随身带着一份自定菜单：一荤一素一汤。每到一地，他就亲手将菜单交给负责同志，反复叮嘱按菜单备餐。他的这一举动，极大地鞭策和鼓舞了当地的干部。

不徇私情

韦夏卿,字云客,唐京兆万年(今陕西西安)人。官至太子少保(辅导太子的官)。

唐朝德宗时期,有一个人曾多年担任吏部尚书,他就是韦夏卿。韦夏卿是个为官正直廉洁的人。他所掌管的吏部担负着为国家推举、选拔官员的重任,权力相当大,可是他从不滥用职权。自己的亲戚朋友如果想当官,都要通过严格的考试、考察,才能录用。所以他推举上来的人,都是一些德才兼备的栋梁之才,其中不少人还在朝廷担任重要职位。

韦夏卿有个族弟,叫韦执谊。人挺聪明的,文章写得很好,受到皇帝赏识,当上了皇帝的顾问官。但是他的聪明不用在正道上,终日钻营,溜须拍马。这点和韦夏卿完全不一样,正因为如此,韦夏卿很看不惯这个族弟,平时很少和韦执谊往来。

这一天晚上,夜已经很深了,韦夏卿还在厅堂看书。突然,他的老仆人进来禀告:"大人,韦执谊韦老爷来访,要见大人。"

"韦执谊?他这么晚来我这儿干什么?"韦夏卿心里正在揣摩着这位平日趾高气扬的族弟深夜来访的目的,韦执谊已经闯了进来。

韦执谊皮肤白净，衣着华美，可以说是一表人才，但他那一双骨碌碌乱转的小眼睛却透露出他内心的诡秘。他一进门，两手抱拳，高声说："大哥，近来可好？"

"哦，是执谊呀，这么晚了，是什么风把你吹来了？"韦夏卿也笑着打招呼。"无事不登三宝殿，有件事非得大哥帮忙不可呀！"韦执谊倒也不拐弯抹角，开门见山说了来意，"是这样，我有个朋友，想请你在朝廷里安排个事做做。"

"老弟在皇上面前可是个红人呐，哪里还有你办不到的事？帮朋友谋个差事，对老弟来讲，还不是小菜一碟！"韦夏卿的话绵里藏针。

"大哥见笑了，我虽然在皇上面前可以说上话，但选拔官员可得大哥你这个吏部尚书亲自把关呀。"韦执谊向韦夏卿拱了拱手，满脸堆着笑。平时韦执谊可不是这样，以往他见到韦夏卿都是高昂着头的。

韦夏卿鼻子里哼了一声，明知故问道："他参加会试了吗？

"大哥，要是参加了会试，这事我还会来找你吗？大哥，打开天窗说亮话，这位朋友是皇上姐姐的远房侄子，如果你能替他在朝廷谋个一官半职，以后会有享不尽的荣华富贵。这里有二十两黄金，作为见面礼，事成之后，还有重谢。怎么样，大哥？"说着，韦执谊从怀里掏出一个包袱，随手打开，二十两黄金在烛光下发出耀眼的光芒。韦执谊两眼盯着韦夏卿，等他说话。

韦夏卿摇了摇头，对韦执谊说："老弟，求我办事，这二十两可是太少啦！"他越说越激动，索性站起身来，推开门，对韦执谊严肃地说，"告诉你，你我都是韦氏子弟，我可不能因为二十两金子而败坏我韦氏门风！我看你还是带你这二十两金子走吧！要我干这种事，哼，简直是做梦！"

韦执谊呆若木鸡地站在那儿，过了好久才清醒过来，拿着金子灰溜溜地走了。

《新唐书·韦夏卿列传》

本篇成语解释：

1.【德才兼备】兼备：都具备。思想品德和工作能力、业务水平都很好。

2.【栋梁之才】栋梁：房屋建筑的正梁。比喻能担负国家重任的人。

3.【绵里藏针】棉絮里面藏着针。形容柔中有刚。也比喻外貌和善，内心尖刻。

4.【明知故问】明明知道，还故意问。

5.【呆若木鸡】呆得像木头鸡一样，形容因惊恐或惊讶而发呆的样子。

清廉，即清正廉明，与"贪污"相对，指人的行为品性正派、克勤克俭，不苟且。还特指握有权力的人不损公肥私，不贪污。

决不改判

李元纮，唐京兆万年（今陕西西安）人。年少谨厚。开元初，任京兆尹，以不惧权要闻名。后为相。

雍州位于长安城的北边，人少地也不肥，是个很穷的地方，许多人都不愿去那儿做官。朝廷想来想去，选派了一个名叫李元纮的人去那里。李元纮果然不负众望，清廉正直，善于管理，没几年，雍州就变得富饶起来，人口不断增加，竟然成了许多长安人游玩的好去处。

这一天，春光明媚，太平公主带着一大批随从来到雍州的崇圣寺游玩。太平公主是当今皇帝的女儿，从小被当皇帝的父亲娇惯坏了，没几个人敢不顺她的心意。太平公主围着崇圣寺转了一圈，见崇圣寺虽然还可以，但比起长安城里的寺庙差远了，她兴趣一下减了一半，便坐在院子里面的石凳上歇息。休息就休息呗，可她坐下来也不安分，左瞧瞧右瞅瞅，想看看在这乡间野外能不能找到什么新奇的东西。

突然，有一件东西引起了她的兴趣。原来，她瞧见了寺院角落里的一个石磨，石磨很小，但很精致，太平公主一下就喜欢上了这个小玩意。她派人叫来崇圣寺管事的老和尚，指着石磨对老和尚说：

"宫里正缺一个石磨,我看这石磨挺不错的,我把它搬走,你不会反对吧?"

老和尚知道这位女施主是什么身份,见她不要别的,单单瞧上了这个石磨,心中暗暗叫苦,但又不敢得罪公主,只好赔着笑脸说:"公主啊,这石磨能合您的意,是我们寺院的福气。可是我们寺院一百来和尚,全靠这石磨磨面、磨米什么的,您还是挑点儿别的吧!"

太平公主平时骄横惯了,什么时候碰到过她办不成的事?软的不行,就来硬的。她把脸一横,气势汹汹地对随从说:"搬!"说罢,头也不回地走了。

老和尚眼睁睁地看着几个如狼似虎的随从将寺院吃饭的家伙搬走了,非常生气,最后只得告到李元纮那里去了。

李元纮听了老和尚的申诉后,非常气愤,说道:"这些皇亲国戚真是太无法无天了,你放心,这个事我管定了。"

李元纮派人去了寺院,还询问了出售石磨的石匠,证实石磨是寺院里的财产。李元纮便写下判决书,命令太平公主限期将石磨还给崇圣寺。判决书还没发下去,李元纮的上司窦怀贞就急匆匆地赶来了,一进门便指责李元纮:"李元纮啊李元纮,你是真不知道,还是假不知道,太平公主可是当今圣上的心肝宝贝,她要月亮,皇上不敢给她星星,你怎么敢惹她呢? 这不是太岁爷头上动土、摸老虎屁股吗? 赶快改一下判决,了结此事算了。"

李元纮一动也不动,义正词严地说:"国家法令是神圣的,每个人都要遵守。甭说是公主、皇子,就是当今皇上也不得例外。改判这个事,我不做!"

"你,你简直要把我气死

清廉是面明镜,它能照见领导

了！"窦怀贞被李元纮的倔强气得直哆嗦，"你不要命，我可想多活几年呢，我命令你，赶快把判决书给我改过来！"

顿时，一股正义之气从李元纮胸中涌起，他抑制住心中的愤怒，平静地对窦怀贞说："好，我改给你看！"

"刷、刷、刷"几下，李元纮在判决书上写上几个字，便丢下笔走了。

窦怀贞以为李元纮终于开窍了，舒了口气，兴冲冲地拿过判决书一看，差点没气晕过去。原来判决一字未改，旁边还添了九个醒目的大字：南山可移，此判不可改！

后来，在李元纮的廉正之气的镇慑下，太平公主乖乖地将石磨还给了崇圣寺。

《新唐书·李元纮传》

本 篇 成 语 解 释：

1.【气势汹汹】形容盛怒时很凶的样子。

2.【如狼似虎】如虎狼那样凶暴、残忍。

3.【无法无天】法：法纪；天：指天理，也指道理。不遵守法纪的约束。多指毫无顾忌地干坏事，有时指不受管束，肆无忌惮。

"正心之始，当以己心为严师。"意谓：端正自己的第一步，就是在心灵深处严以律己。"千丈之堤，以蝼蚁之穴溃。百尺之室，以突隙之烟焚。"比喻细微之处如不注意，很可能酿成大祸，因此要防微杜渐。

劝婿务农

周行逢，五代楚武陵（今属湖南）人，能征善战，到北宋时为中书令（宰相之职）。

五代时期，人们常常在街上看到这样一个人，衣着华丽、打扮时髦，整天游手好闲，不是东瞧瞧，就是西瞅瞅，哪里热闹他就往哪里钻。要是有一天街上没有他东游西荡的身影，人们往往会感到奇怪："嗬，这小子今天怎么没出来？真是稀奇！"这个人就是当时有名的闲人，唐德。

唐德以前可不是这样的，那时他是一个很有才气的人，曾在乡试中夺得第一名。可他结婚后不思进取，整天游手好闲，好吃懒做，成了现在这样。时间一天天过去了，唐德和妻子的积蓄都花光了，日子一天比一天难过。怎么办呢？去偷，怕丢人；去抢，又没那个胆；听夫人劝去做教书先生吧，又没那个兴趣。

这一天，唐德百无聊赖，在家里唉声叹气，夫人也在旁边直抹眼泪。其实，唐德心里早就盘算过，只是不敢开口。终于，他鼓起勇气对夫人说："夫人，你跟岳父大人再说说……"

夫人听到这话，哭得更厉害了："怪只怪你不争气，整天好吃懒做，我父亲怎么可能向皇上推荐你呢？要去说，你自己去吧，呜呜……"

原来，唐德的岳父是当时的大官周行逢。"朝里有人好做官"，唐德打的就是这个主意。可唐德心里清楚：周行逢为官清廉，不谋私利，从不任人唯亲，是有名的清官。但现在自己已是山穷水尽了，只有硬着头皮去求岳父大人了。

周行逢早已看透了唐德的心思。他以前也规劝过女婿几次，女婿却一只耳朵进，一只耳朵出，没半点儿作用。现在正好趁这个机会再劝劝他。

没等唐德开口，周行逢就说了："怎么？玩得无聊了，想找点儿事干是不是？"

唐德没想到岳父一点儿弯不也绕，这么直截了当。他又惊又喜，像个啄木鸟似的直点头。"是，是，您真是我的好岳父，这么了解我。不知岳父大人给我一个什么官职做呢？"

周行逢微微一笑，说："务农！"

"务农？您是说要我去耕地种田？"唐德几乎不相信自己的耳朵。他哭丧着脸，对周行逢哀求道，"岳父大人，能不能换换？当个小官也行。"

周行逢收起笑脸，严肃地说："我周某人虽然贵为重臣，但不是那种贪赃枉法之徒。当官的必须是廉洁奉公、勤于政务、品德高尚的人。这样的人我才敢向皇上推荐。你瞧你，是个什么样子？整天好吃懒做，东游西荡，即使我把你推荐给朝廷，朝廷会用你吗？"

唐德低着头，似乎有所触动。

周行逢将语气缓和些，又说："你年纪轻轻，有的是力气，我给你买几亩地，让你去做农活，是要你除除身上的懒散之气。边干活，边读书，等你有出息了，国家自然会发现你的，到时候也用不着我去推荐了。"唐德点了点头。

第二天，周行逢替女婿买了几亩地和一头牛，送他到乡下耕田种地去了。唐德后来果真成了一位有用之才。

《五代史·周行逢传》

本篇成语解释：

1.【任人唯亲】任人：任用人；唯：只；亲：关系亲密，感情好。任用人不管德才如何，只是选择那些和自己感情好、关系密切的。

2.【山穷水尽】穷：尽。山和水都到了尽头，前面再没有路可走了。比喻陷入绝境。

3.【直截了当】了当：了结，表示事情结束。形容做事、说话不绕弯子。也作"直捷了当"。

作官从政要戒贪。贪利固然是贪，贪图名声、沽名钓誉也是贪。切莫贪图浮华虚名而忘了从政的根本。养廉唯有俭朴。行节俭，严于律己算是俭；只要求别人，只要求百姓勤俭，便不算是俭，还要通过对己严，对人宽来保持品行方正而有节操。

布衣状元

王曾，北宋青州益都（今属山东）人，字孝先。1002 年中状元，后为参知政事（宰相职），敢上言直谏。居相位多年，颇为朝廷倚重。卒谥文正（君主时代帝王、贵族、大臣等死后，依其生前事迹所给予的称号），著有《王文正公笔录》。

"王曾考上状元啦！"消息像一阵风似的传遍了整个青州城，听到这个消息的人都不禁欢呼雀跃起来。这可是青州城自科举考试以来，出的第一位状元郎啊，家乡的父老乡亲怎能不为之高兴呢？

一个春光明媚的上午，青州府门前热闹非凡。大门内摆满了鲜花，大门和廊檐也挂上了四只红彤彤的大灯笼，一派喜气洋洋的景象。青州城西门更是热闹，几十人组成的庞大乐队不停地吹奏着欢乐的曲子，在靠近城楼的空地上，还搭起了彩楼，人山人海，络绎不绝。原来今天是状元郎王曾返乡的日子。

时间过得很快，到了中午，状元郎的八抬大轿还没影。人们有点儿着急，开始骚动起来。这时，从大道上走来一位年轻人，他骑着一匹灰色的小毛驴，一身北方农民的打扮，身穿布衣，头戴一顶斗笠，宽宽的帽沿遮住了半个脸，使人很难看清楚他的眉目。年轻人来到西门，一点儿都没有引起人们的注意。人们都在翘首盼望状元郎，谁会注意一个农民呢？

年轻人悄悄从驴背上跳下来，看到人们兴高采烈，像过节一样，不禁笑了起来，但看到彩楼下坐着的几十位身着华丽官袍的青州官员，却微微皱起了眉头。年轻人在西门外停了一会儿，重新骑上驴，掉头绕了一大圈，来到南门。只见南门冷冷清清，除了几个小贩在吆喝外，来往的行人很少，一打听，原来人们都去西门看状元郎了。年轻人用细树枝轻轻抽了几下小毛驴的屁股，毛驴立刻"嗒嗒"地进了青州城。

转过几条胡同，年轻人来到了青州府门前，他对门前的差役说："请通报一下知府大人，说王秀才求见。"

"我家老爷正忙着迎接状元公呢，你来凑什么热闹，去，去，去！"差役见年轻人一身穷书生模样，不耐烦地挥了挥手。

年轻人争辩了几句，差役恼了，便和年轻人争执起来，一时间，门外便围起一群看热闹的人。青州知府正在为王曾还未到的事情烦着呢，听外面吵吵嚷嚷的，便出来瞧，一看到年轻人，大吃一惊："哎哟，这不是状元郎王曾王大人吗，您怎么这身打扮呀？"知府喜出望外，可还有点儿不解：状元回乡，可都是要坐大轿、戴金花、吹吹打打的呀。

王曾摘下斗笠，笑着对知府说："大人，我王曾原来是个穷秀才，今天能考中状元，心里也特别高兴，但这样又是吹吹打打，又是张灯结彩的，不知要花老百姓多少钱呐！这叫我王曾于心何忍呢？"

知府的脸红一块，白一块，不知说什么好。过了好一会儿，才回过神来，忙叫手下的人取下灯笼，撤掉彩楼，并取消晚上的酒宴。王曾这才点点头。周围的老百姓指着衣着简朴的状元郎王曾纷纷赞许道："这才是真正的状元啊！"

王曾考中状元后，当过两次宰相，都相当廉洁俭朴。

《能改斋漫录》

本 篇 成 语 解 释：

1.【人山人海】形容人聚集得非常多。

2.【络绎不绝】络绎：连续不断的样子。形容来往的人或车马连续不断。

清廉之人有一个共同点，就是低调。王曾中了状元，却一如常态，不摆官架，不讲究排场。待他日后被封为大官，必然是一个体味百姓疾苦的清廉之官。

二 探 相 府

范质，五代后周和北宋初大臣。字文素，大名宗城（今河北威县）人。宋时任宰相职，以廉俭闻名。

宋太祖赵匡胤是个很有人情味的皇帝，特别是对于那些陪他出生入死取得天下的大臣们，他非常关心。

一天，宰相范质着凉发烧没有上朝。赵匡胤便对大臣们说："我们去范质家看看他如何？"皇帝提议，大臣们自然是点头称好。

散朝后，赵匡胤便和大臣们来到范质的家。范质躺在床上吃着药，似乎觉得身体舒服了一些，准备下床走走。正在这时，仆人从门外满头大汗地跑进来说："大人！皇上驾到！"

皇上？皇上怎么来了？范质慌忙叫家人帮他换上衣服，准备迎接皇上，可赵匡胤已经带着大臣们走了进来。一位大臣说："皇上不放心你的身体，今日特地来府上探视。"

范质听罢，连忙跪下谢恩。

赵匡胤连忙扶起范质，说："爱卿，快快请起！快快请起！"赵匡胤以前从没来过范质家，四下打量了一下，感到惊奇。

原来，范质睡的是一张非常粗糙的硬板床，连招待客人用的杯、碗，也是做工粗劣的粗瓷。虽然他早就听说过范质生活俭朴，但万万没想到他作为宰相，竟会俭朴到如此地步。

回宫后，赵匡胤心里很不平静，他想，范质平时对朝廷忠心耿耿，办事让人放心，可没想到过的竟是这样的生活。想到这里，赵匡胤不禁自言自语道："不应该，太不应该了！"他马上下令，叫侍从给范质送去一张考究的雕花木床，两套柔软舒适的上等棉被，又外带一套花纹精美的细瓷茶具。

过了几个月，赵匡胤再一次去范质家探望。可是进门一瞧，还是原来破破烂烂的老样子，床还是那张粗制木床，被子还是那套土布做的，给赵匡胤上茶的茶杯也是原来的粗瓷茶杯。赵匡胤不解地问："我送给你的那些东西，你没收到吗？"

"感谢陛下，已经收到了。"范质恭恭敬敬地回答。

"那你为什么不用呢，是嫌那些东西不够漂亮吗？"

范质坐直身子，神色郑重地对赵匡胤说："陛下有所不知，现在天下刚刚安定，可朝廷上下讲排场、天天喝酒吃肉的腐朽风气却已盛行。您想想，如果我将您给我的那些东西摆在屋内，让人羡慕，这岂不是我带头败坏风气吗？那天下腐朽之气何时才能消除呢？您的龙椅又怎能坐得稳呢？希望陛下能体谅做臣子的一番苦心啊！"

赵匡胤听后，内心很受感动。范质死后，赵匡胤十分感慨地说："范质确实是一个真正做到'廉俭'二字的宰相啊！"

《宋书·范质传》

了就能产生威信。

公正了就能明白事理，廉洁

本 篇 成 语 解 释 :

1.【出生入死】原指从出生到死去。后来形容冒着生命危险,随时有死亡的可能。

2.【忠心耿耿】耿耿:忠诚的样子。形容非常忠诚。

3.【自言自语】自己跟自己说话。

毛泽东同志不仅在革命战争时期不搞特殊化,就是到了七十年代,他还是穿着补了几十个补丁的睡衣,盖着补了又补的毛巾被;刘少奇同志始终严于律己,艰苦朴素,外出办公有个著名的"四不准"。

张俭取布

张俭，辽朝大臣。宛平（今北京）人，官至左丞相（总理全国军政的最高官员）。为相二十余年，廉正俭朴，被称为贤相。

冬天来了，辽国的都城一片银白。以前每当这个时候，辽兴宗都很兴奋，因为他可以借下雪的理由去郊外打猎了。可每次，总是那个臭张俭出来横加指责，说什么今年百姓贫困，不适宜兴师动众去打猎。辽兴宗很不高兴，又想起每次张俭上朝时穿的那件又破又旧的棉袍，在其他大臣华美的冬装面前显得格外刺眼。

这不是明摆着丢我的丑吗？你张俭不是别人，是一国的丞相，搞得这么寒酸，这不叫我这个做国君的难堪吗？

辽兴宗越想越气，小孩子脾气又上来了：哼，我就不信你张俭做丞相这么多年，只有这一件棉袍。他叫一个侍从过来，耳语了几句，说完两人都掩着嘴乐了起来。

第二天，张俭依然和以前一样，早早来到了宫殿，见时间还早，便到殿旁的休息室里坐下,聚精会神地看随身带来的公文。

这时,辽兴宗的那位侍从不知从什么地方冒了出来,手里拿着一把烧得通红的火钳,轻手轻脚地走到张俭的后面。火钳和棉袍一接触,便"嗞"的一声将棉袍烧了两个洞,接着侍从又蹑手蹑脚地溜走了。张俭因看得专心,竟然没有发觉。

上朝的时间到了,张俭穿着那件烧了两个洞的棉袍便上朝了。辽兴宗哪有心思理朝政,满怀兴趣盯着张俭的棉袍,大臣们汇报的事情一个字都没听进去。总算等到散朝了,辽兴宗在转身离开宫殿的张俭身上,发现了两个黑黑的洞口,不禁拍掌大笑,心想:"张俭啊张俭,你这回总要做一件新棉袍了吧!"

可是,接下来的几天,张俭依旧穿着那件有两个洞的棉袍上朝。其他大臣也知道了,有的好心对他说:"丞相,您若没有新棉袍,我马上送给您一件新的!"

张俭却毫不在意,不管大臣们怎么说,他每天还是穿着那件有两个洞的棉袍上朝。

辽兴宗终于沉不住气了。这一天早朝结束后,他叫张俭留下,说有事商量。等大臣们都走了,辽兴宗对张俭说:"张爱卿,这件棉袍已经破旧得连颜色都褪掉了,你贵为丞相,难道连做一件新棉袍的钱都没有吗?"

"回皇上的话,这件袍子,我穿了三十年,已经习惯了。"张俭恭恭敬敬地回答。他抬起头,又对年轻的辽兴宗说,"如今国家还不富裕,可朝廷上下都追求奢华生活,这可不是好迹象啊,皇上。我之所以一直穿旧袍,只是想做个榜样,改变一下风气。"

辽兴宗知道张俭话里面

只要立的标杆是直的,就不会照出弯曲的影子。

的意思，脸上红一阵白一阵，十分难看，但转念一想：朝廷里能多几个像张俭这样清廉的官不是很好吗？他高兴地对张俭说："张爱卿果然清廉有名。你的话我明白了，但你的棉袍确实太破了，如果有外国使节来访见到，那岂不是显得我辽国不富、不强吗？这样吧，张爱卿，你到宫中库房随便拿些衣服，拿布也行，随你挑！"

张俭见皇帝这么说，只好从命，随侍从到了宫中库房。辽兴宗满以为张俭会挑上半天，可张俭看都没看，顺手拿了三匹粗布就走了出来。自此，辽兴宗对张俭更加敬重了。

《辽史·张俭传》

本 篇 成 语 解 释 ：

1.【兴师动众】兴：起，发动；众：军队，大队人马。原指出兵。现在形容发动了很多人。

2.【蹑手蹑脚】放轻脚步走路的样子。

张俭真是人如其名，三十年如一日，从未换过新袍，硬是将"廉俭"二字坚持了一生！

地 方 特 产

董之泉,字水清,浙江平湖人。自幼读书,生性恬淡,不为名利所拘。官至知府(一地行政长官),有廉名。

明朝时候,有一个官员名叫董之泉。他做了十多年的县官和知府,可家里却一件像样的东西都没有。为此,家里人常常埋怨他说:"人家有的还没有您资历深呢,只当了几年小官,就发了大财,又是买田盖房,又是添置家具的,您看看您,当了这么多年的官,却什么都没捞到!等您老了,可怎么办呢?"董之泉听了,只是付之一笑,并不放在心上。

又过了一年,董之泉接到命令,要到四川当知府。听到这个消息,他的两个儿子都劝父亲说:"爹,您这么大年纪了,这回到四川当知府,可能是您最后的机会了。我们知道您的脾气,带金银的东西您肯定不会。这样,听说四川的木头既便宜又结实,您回来的时候,就顺便带一些木材回来,做几间新房。您不为自己想,也得为我们想想呀。我们都成家立业了,还住这样的旧房子。"

董之泉见儿子们这么说,觉得自己一生廉俭,确实亏待了他们,沉思了一会儿,高兴地说:"行,没问题!"儿子们从未见父亲这么爽快,都非常高兴。

时间过得飞快,一晃,董之泉的任期就要满了。儿子们也一天比一天着急,一天比一天兴奋,都扳着指头计算着父亲回来的日期。这一天终于来到了，儿子们从早到晚、房前屋后忙个不停，准备了丰盛的酒宴等着父亲归来，而且还特地腾出了一间房，以便放置父亲从四川带回来的木材。

儿子们正忙活着，父亲的老仆人满头大汗跑进来，大声说道："老爷回来啦，老爷回来啦！"儿子们一听，呼啦一下将跟在仆人后面的父亲围了起来。董之泉明显老多了，可精神还是那么好，衣着依旧还是那么简朴。

没等董之泉说什么，大儿子抢先发问："爹，您没忘记走的时候答应我们的事吧？"

董之泉将了将胡子，笑着反问道："你爹是个说话不算话的人吗？"

儿子们都笑了，小儿子又说："那木材呢，有多少根？在哪儿？我们专门腾出一间房放木头呢！"

董之泉依然笑着说："带回来了，都带回来了，在我的包里。"

"在包里？"儿子们都迷惑不解。董之泉慢慢将包打开，儿子们凑过去一看，顿时都泄了气，退到两旁，背对着父亲，默不做声。原来，包袱里全是树种子！董之泉还是笑着："怎么啦？不高兴了？"

大儿子转过身对父亲说："您呀您，我都不知怎么说您才好。您是不是老糊涂了？"

董之泉收起笑容，坐在凳子上，语重心长地说："我董之泉做了十几年的官，虽然没当上什么大官，但也做过好几年的知府大人，完全有机会捞很多的钱，把我们这个家搞得富丽堂皇的，可我没这么做，为什么呢？因为我始终认为，为官就要廉，不廉何以为官,不廉何以为政,不廉怎么对得起朝廷的俸禄和老百姓的爱戴? 你们要我带木材,可四川离这儿这么远,运回来得花费多少人力? 我带回来一包种子,你们将种子种下去,过上几年就可以长成大树了,'十年树木,百年树人',到那时,不但我家有木材用了,全家乡的人也都有了好木材了,这不更好吗?"

儿子们默不做声,但都转过头来,郑重地点了点头。

又过了几年,董之泉那间老屋的周围已长出了许多小树苗,嫩嫩的、绿绿的,分外好看。

《明史稿·董之泉传》

本篇成语解释:

1.【付之一笑】用笑一笑来回答,对待它。形容不值得理会。

2.【十年树木,百年树人】树:培植;木:树木。用来比喻培养人才是长久之计,也表示培养人才是不容易的。

> "不积跬步,无以至千里;不积小流,无以成江河。"崇尚清廉,营造良好的社会风气,需要从每个人做起。

誓不私婿

王翱，明朝大臣。字九皋，盐山（今河北盐山）人，永乐进士。曾提督辽东军务，官至吏部尚书。

明朝时，有一位著名的廉臣，名叫王翱。王翱一生，为人刚正无私，为官清明廉洁，到晚年时，依然没变。

景泰四年，即1453年，吏部尚书王翱已经年过七十，膝下只有一个女儿，名叫王秀。因为是老来得女，夫妇俩视同掌上明珠。男大当婚，女大当嫁。这一年，王翱夫妇依依不舍地将女儿嫁给了京城附近一个小官吏，名叫贾杰。

王翱的夫人可疼爱女儿了，每隔一段时间，就要派人去接女儿回家住上几天。可是每次接王秀回家时，贾杰总是不大高兴。他想：要是岳父能将我调到京城，一家子聚在一起，就不用这么两头跑来跑去了。他将这个想法告诉了王秀，王秀几次捎信给爹爹，也提出这个请求，可是半年过去了，竟如泥牛入海，一点儿音讯都没有。为了这件事，贾杰心里很不痛快，夫妻俩常发生口角，闹别扭。

这一天，老夫人又派人去接女儿回京城团聚。贾杰恨恨地对王秀说："你父亲在京城掌管吏部大权，

将我调任京城为官，还不是轻而易举的事情吗？可他却这点儿小事都不肯办。他这样无情，那就别怪我无义了。你今天要么别回去，要么去了就别回来！"

王秀没有办法，只好将丈夫的话派人告诉母亲。老夫人听到这话，觉得很为难。她知道王翱的脾气，调女婿的事肯定是不会办的，心想看看有合适的机会再去求他吧。

八月十五中秋节这天，秋高气爽，一轮圆月高高地悬挂在夜空中。王翱和老夫人在院子里一起赏月。王翱心情特别好，把酒临风，言语不断。老伴却心事重重。王翱转头一看，见女儿不在，便问夫人："今天是中秋节，女儿怎么没回来团圆？"

夫人见王翱问到女儿，便趁机恳求王翱说："老爷，王秀嫁到城外，每次回家很不方便，你是吏部尚书，看我的面子上，将女婿调到京城来吧！"说着，老泪纵横。

王翱耐着性子说："夫人，家人团聚事小，守国家之法事大，我怎么能因为这点儿家务事而败坏国家法纪，利用职权做违法之事呢？你这不是要断送我一生清白吗？"

老夫人思女心切，哪里听得进王翱的这番大道理，死缠着王翱，非要他答应不可。王翱不禁怒火中烧，将手中的酒杯往地上一摔。酒杯"啪"的一声碎了，王翱头也不回进屋去了。

第二天，王翱怒气未消，离开家，在朝房里住了十多天，最后在女儿的劝说下才回了家。这之后，母女俩和贾杰再也不敢提调动的事了。一直到王翱去世，他的女婿和女儿还住在京城郊外。

《明史稿·王翱传》

不需要人们夸你颜色好看，只留清正气节在世上。

-**89**-

本篇成语解释：

1.【掌上明珠】比喻珍贵。原指极钟爱的人。后专指受父母疼爱的女儿。

2.【泥牛入海】比喻一去不返或毫无音讯。

3.【轻而易举】形容毫不费力。

从古至今，贪官污吏到头来不是被发配边疆，就是满门抄斩。廉，因洁而尊；官，因廉而正。

烧鹅悬堂

周新，明广东南海人，初名志新，字日新，后更名新，字志新。成祖时为监察御史，敢直言弹劾，贵戚畏惧，称为"冷面寒铁"。廉洁奉公，后遭奸臣诬陷遇害。

明朝初期，浙江有一个县令，贪得无厌，经常对来往客商和当地老百姓敲诈勒索，当地老百姓都敢怒不敢言。朝廷听说有这种事，特地从京城里派了一位人称"冷面寒铁"的按察使去处理这件事。通过明察暗访，他终于将这个贪官捉了起来，当地老百姓和来往客商无不拍手称好。这位"冷面寒铁"就是当时有名的廉吏——周新。

说周新"冷面寒铁"，并不是说他铁石心肠、毫无人情味，而是对他在当大理寺评事（相当于现在的最高法院法官）和监察御史（监察百官的官员）时刚直敢言、不畏权贵的极好评价。朝廷正是看中他这一点，才让他来浙江处理这个案子的。

夜已经很深了，周新放下案子，拍了拍近乎麻木的脑袋，在屋里慢慢地转着圈，慢慢想着。看来这个案子还挺复杂，这个贪官不仅敲诈勒索，而且还有贪污受贿、侵吞别人田产等罪行，真是罪大恶极。此人不办，怎么能使百姓安心呢？周新脸上露出凝重的神色。

"大人！外面有人求见！"随从不知是什么时候进

来的。

"这么晚了，谁还来？你再去看看，如果是送礼，一律不见！"周新对送礼的人深恶痛绝。

"大人，他是状告县令侵吞田产之事的。"随从没走。

"哦，是这样，让他进来。"

这人是个农民，本来有十亩上好土地，县令的父亲对这十亩田地十分眼馋，县令便威胁这个农民以低价售出，不然就要将他关起来。这个农民迫不得已将十亩地卖给县令的父亲，可直到如今，一个子儿也没到手。

这个农民讲着讲着，眼泪就出来了，话也讲得凄凄惨惨，令周新生出无限的同情。他对那个农民说："老弟，你放心回去吧，我一定将此事查清楚，如果真是这样，我一定将十亩地判还给你。"那个农民听到周新这番话，感动得不知如何是好，随即将带来的一个大盒子拿到桌上打开。

周新一瞧，是一只还冒着热气的大烧鹅！金黄的皮，脆嫩的肉，一股香气扑鼻而来！周新正要发怒，那人忙跪下，恭恭敬敬地说："周大人，我们早知道您'冷面寒铁'的威名，廉正不污，从不收别人礼物。可是您千里迢迢来到我们浙江，为我们老百姓挖出了这个大蛀虫、大祸害，我们做小民的不知怎样感谢您这位清官大老爷，乡亲们听说我要来县里告状，叫我一定将这只烧鹅送给您，让您注意身体，望大人一定收下。"说完，爬起来向周新鞠了个躬，转身走了。

望着这只热气腾腾的

烧鹅，周新不知道怎么办才好。不收吧，辜负了老百姓的一片心意；收下吧，却破坏了做官以来立下的规矩，况且有了第一次，肯定会有第二次、第三次。

周新办过许多案子，一向是快刀斩乱麻，可现在却有点儿犹豫了。这时，他的妻子从里屋走了出来，见此情景，笑了笑说："老爷，这有什么困难的呢？将这只烧鹅挂在厅堂前，不再理会，既能表达你接受百姓的心意，又能将那些送礼的人拒之门外，两全其美。"

周新愁眉舒展，心中的乌云散去，笑着对夫人说："还是夫人聪明！"于是周新将那只烧鹅挂在厅堂前。

一天两天过去了，这只肥嫩的烧鹅变得又干又硬，发霉发黑。那些想上门送礼的人看到这只烧鹅，知道了周新的决心，也就不敢送了。这样，周新廉洁的名声更是人人皆知，老百姓在他的"冷面寒铁"称号后面，又加了个"周廉使"。

《明史稿·周新传》

本篇成语解释：

1.【敢怒不敢言】言：说。心里愤怒而嘴上不敢说。
2.【罪大恶极】罪恶严重到极点。
3.【深恶痛绝】恶：厌恶。形容对某人某事极为厌恶、痛恨。
4.【快刀斩乱麻】比喻做事干脆，抓住要害，很快地解决复杂的问题。

父助子廉

阮元,清朝大臣,经学家。字伯元,号云台,江苏仪征人。官至总督。长于考证,精通经学,曾编纂多种经书。有廉名。

　　阮元是清朝时期的大学者,也曾做过大官。可他的父亲阮湘圃并没有因此显贵起来,依然过着清贫的生活。阮元的官越做越大,求他的人自然也越来越多,但阮元从不收取贿赂。这些人没有办法,便想通过阮湘圃来达到他们的目的。阮湘圃和儿子一个脾气,对于这样的人理都不理,甚至将礼品都丢了出去。此后,送礼的人再也不敢踏进阮湘圃的家门了。

　　这一天,天气挺好的,刚下过一场雨,空气清新,万物空灵。阮湘圃扛着锄头从菜园里出来。老人家虽然胡子已经全白了,精神却还很好。

　　阮湘圃正想推门进屋,忽然身后传来一声呼唤:"阮老伯,阮老伯。"阮湘圃回头一看,见一衣着华丽的年轻人站在身后。

　　"你是?"阮湘圃从未见过这位年轻人。

　　"我是小山子呀!您不认识我啦?小时候,我还偷过您家的桃子呢!"年轻人满脸堆笑,帮助阮湘圃回忆。阮湘圃又仔细打量了一下,想了半天,才恍然大悟。

　　"哦,你是小山子!阮山,是吧?"阮湘圃

挺高兴，忙放下锄头，请阮山进屋坐下叙谈。说起阮山，可算是阮湘圃的远房亲戚。不过眼前的他变了许多，原来天真单纯的眼睛现在已经被世故圆滑所代替，甚至有时还闪着一丝狡猾的神色。两人坐在桌子旁，谈起阮山小时候调皮捣蛋的事，阮湘圃不禁哈哈大笑。

阮山看了看房间的家具摆设，不禁问道："阮元大哥现在已是大官，是朝廷重臣，您怎么还住着这么一间破房呀？"

老人哈哈一笑，说："我家本来就不富嘛！"

"那怎么行呢，起码要有官家样子嘛！"阮山说着，从怀里掏出两张纸，对阮湘圃说，"阮老伯，这两张纸是土地契约，值一千两银子，您拿着，将房子翻修一下，算是我给您祝寿吧！"

一听到银子这个东西，阮湘圃脸上的笑容马上就没了，他看都不看，冷冷地问道："你有事来找阮元帮忙？"

"呃……"阮山一下不知道说什么好，很不自然地笑了笑，说，"老伯，是这样的，我一个朋友在京城犯了点儿事，想请阮元大哥……"

没等阮山说完，阮湘圃拍案而起，满脸通红地说："我早就知道你来找我是另有目的。老夫就因为不爱不义之财，才这样清贫。你如果用这一千两银子来塞我的嘴，我可以告诉你，没门！如果你直接去找你大哥阮元，我也告诉你，更没门！"老头越说越激动，手指着大门，对阮山说，"你以礼来，我以礼相待，你来行贿，我只怕你再也进不了这个门。你还不快给我滚出去！"

阮湘圃一番义正词严的话，像一

为官清正廉洁，当视名利淡如水；执政勤奋为民，应看事业重如山。

发发炮弹，打得阮山晕头转向，忙狼狈地逃走了。阮湘圃通过自己的行动维护了儿子廉洁的美名，同时也获得了儿子和乡亲们的理解和赞誉。

《清稗类钞》

本篇成语解释：

1.【不义之财】不义：不正当，不合理。不应该得到的或来路不正的财物。

2.【晕头转向】晕头：头脑发昏；转向：迷失方向。昏昏沉沉，不知道方向。

清官乐廉，乐在口碑。自古以来，为官贪廉，老百姓是最权威的裁判，谁也左右不了他们的评判，谁也堵不住他们的口。

当裘恤贫

朱珪，清顺天大兴（今属北京市）人。字石君，号南崖，乾隆进士。官至大学士，加太子太保。通经学，工诗文。曾任《四库全书》等典籍编修总负责人。著有《知足斋诗集》。

朱珪是清朝人，很有学问，诗文做得很好，曾负责编写许多重要典籍，官也是越做越大，当过地方官，也当过京官，最高的官职是吏部尚书。可朱珪性情非常严肃，为官廉洁奉公，从来不从别人手里拿一分钱，因此京城里没有人敢向他送礼行贿。虽然是吏部尚书，仍然清贫得跟穷书生差不多。

这年大年初一的晚上，朱珪应邀去好朋友工部尚书裘日修家拜年。抬轿子的轿夫都放假回家过年去了，他便穿上棉袍，叫上老仆，骑着一匹老马上路了。天依然下着大雪，鹅毛似的雪纷纷扬扬从天上飘落下来。放眼望去，紫禁城和周围错落有致的民房胡同都覆盖了一层银白色。马路边、小桥头，不时会见到小孩们提着灯笼乱跑，嬉戏玩耍。爆竹声不断，烟火不时从某个角落里喷出，围着一群小朋友活蹦乱跳。多么好的一个新春夜晚啊！朱珪高兴地催了一下老马，老马踩着积雪往前走。

宁做清官甘苦一生，莫当贪官遗臭万年。

"老爷,您看!"老仆人忽然指着一家店铺前一团黑乎乎的影子叫道。

朱珪忙勒住马,仔细一看,原来是几个衣着单薄破烂、蓬头垢面的乞丐蜷缩在一起,直打哆嗦。朱珪看着这几个乞丐,又想起在桥头、路边玩耍的儿童,心被刺痛了。他摸出一点儿碎银,放在乞丐面前,叹了口气,转身上马走了。一路上,又看到几个乞丐,朱珪心情特别沉重。

不一会儿,到了工部尚书裘日修家里,裘家可比朱家气派多了,老仆都有点儿眼花缭乱。裘日修早就迎了出来,拉着朱珪的手亲热地说:"早就盼着朱老弟来啊!"

走进厅堂,朱珪除下棉袍,递给老仆,正要坐下,站在一旁的裘日修指着朱珪的棉袍,吃惊地说:"哎呀!你怎么还穿这种袍子呀?这么节俭!"

朱珪淡淡一笑,摆摆手说:"让裘兄笑话了,难道你还不知道我这个人?"

"那怎么行,今天是大年初一,怎么还穿着这老棉袍?"裘日修替朱珪委屈,忙叫仆人,"去将我柜子里的那件貂皮袄拿来!"

朱珪忙起身推辞,正色道:"裘兄,你知道的,我朱珪是从来不取一分于人的,生平没破过例。你的好意我心领了。貂皮袄虽然风光,但如果只是御寒,这件棉袍就足够了。"

裘日修见朱珪严肃起来,忙说:"哎哟,你怎么了,不就是件貂皮袄吗?坐下说,坐下说。"

朱珪坐下,还是那么严肃:"不知道你发现没有,今年的乞丐比往年多多了，雪地里还有许多赤身裸体的人哩！我和他们相比，已身处天堂了。裘兄，你如果舍得送我貂皮衣，为什么不当掉，做几件棉衣给他们呢？"

裘日修听完，哈哈一笑，拍着朱珪的肩膀说："老弟，你真行，大年初一，就敲我的竹杠！好，就照你的意思办。"说完，吩咐仆人将貂皮袄送往典当铺，当了钱买回几十套棉衣，分发给露宿街头的乞丐。

《清稗类钞》

本篇成语解释：

1.【蓬头垢面】蓬：蓬草，散乱；垢：污秽。形容头发很乱、脸上很脏的样子。

2.【眼花缭乱】缭乱：纷乱，纠缠混杂。眼睛看复杂纷繁的东西而感到迷乱。有时形容使人一时看不清的复杂现象。

清廉者，取之有道，用之有度，心理上坦然，脚底下踏实，无朝不保夕之感，无风声鹤唳之惊。这种心理带来的享受，是贪婪者所不能体会的。

夫人补衣

张英,清朝大臣。字敦复,江南桐城(今安徽桐城)人。康熙年间进士,文采出众,是《国史》、《一统志》等书及典籍的总裁官。官至工部尚书和礼部尚书。

清朝康熙年间,有一位有名的大官,名叫张英,他的夫人和他是同乡,都是安徽人。张英开始当官时,家里十分贫寒,常常是等着俸禄发下来,才能买米下锅,生活非常艰难。但张英和他的夫人却不把这当作一件丢人的事。

有一个地方官见张英贫穷,就送了一千两银子给张英,当然,这其中有附带的条件,要张英为他疏通关系。张英没有接受。回到家里,张英把这件事告诉了夫人。夫人点点头,称赞张英人穷志不短,做得很对,说:"虽然我们这么穷,但得了这一千两银子,心里反而觉得不踏实,这毕竟不是我们劳动所得呀!"

后来,张英官越做越大,吃和穿是不愁了。但张英和夫人却依然过着清廉俭朴的生活。

夫人有一件青布衣衫,是当年嫁给张英时,从娘家带来的,十几年过去了,这件青布衣衫既旧又破,洗得连以前的颜色都认不出来了。但夫人依然很珍惜,舍不得扔。一天,夫人发现这件青布衣衫的胳膊肘上又磨出了几个小洞,于是找了几块碎布,坐在门口一张椅子上,一针一线地缝起来。她缝补得那

世上没有比贪欲更险恶的路,多少人都是因此误了一生。

么专心，连有人进来都没有发现。

来人是一位官太太的丫环，她奉官太太之命来请尚书夫人过去打牌。这丫环是第一次来尚书府，走到又破又旧的门前，左看右看不像尚书府，她想找个人问问，刚好看见一位衣着简朴的中年妇人正坐在椅子上缝衣服，手脚麻利，非常熟练。她想，这是尚书府的佣人吧！便上前小心翼翼地问道："请问，这是尚书府吗？"

夫人抬头一看，见一位丫环打扮的小姑娘正瞪着圆溜溜的大眼睛问她呢，忙起身说："是呀，你有什么事吗？"

见是尚书府，丫环心稍微放松了些，又问："请问夫人在家吗？"

夫人拍拍身上的线头，笑着说："我就是啊！"

那丫环刚刚放下的心又悬了起来，眼睛瞪得更大了，张着嘴不知说什么才好。好半天，才挤出一句话："您……您……就是尚书夫人？"

"是呀，有什么不妥吗？"张英的夫人依然微笑着。

丫环见过的官太太一个个都打扮得珠光宝气，恨不得将鼻子、嘴巴都镶上金的、银的，哪见过这么朴素的官太太，而且是大官的太太。她忙跪下来直磕头，嘴里不停地说："奴婢有眼无珠，冒犯了夫人，望夫人恕罪！"

夫人忙一把拉她起来，替她理了理散乱的头发，柔声说："小丫头，不要紧，以后我们就认识了，是不是？"

小丫环不好意思地笑了,和张英夫人聊起来,请夫人打牌的事早就抛到不知什么地方去了。

《清史稿·张英传》

本篇成语解释:

1.【珠光宝气】珍珠宝石闪耀光彩,形容衣饰华丽。
2.【有眼无珠】珠:指眼球。比喻没有识别事物的能力。

清廉是一种精神支柱,是一种信念和追求。有了这种精神支柱、信念和追求,不管在什么情况下,都能按照既定的方向去追求,按照既定的准则去做人,按照既定的方式去生活。

第一廉吏

于成龙，清初大臣。字北溟，山西永宁州（今山西离石县）人。官至江南、江西总督（掌管一省或几省军政大权的最高官员）。初为知县，即以清廉出名，后被康熙帝举为"天下第一廉吏"，亲自召见。他严拒亲友请托，不取馈赠，名闻当时。

清朝顺治至康熙年间，出了一位有名的清官，名叫于成龙。于成龙做官廉洁自爱，生活简朴，深受百姓爱戴。由于他不食荤，老百姓给他起了个别致的外号叫"于青菜"。

于成龙刚当官时，他的所谓"官府"不是雕龙画凤、装饰精美，更不是石狮当道、威风凛凛，而是建在一片杂草丛中，屋顶是茅草搭成的，房门是用棘条树枝编的，桌子是用泥土垒成的，床上铺的是几捆干草。平时外出视察，于成龙决不坐轿，他经常是头戴斗笠、脚穿草鞋，去乡间巡视，回来后自己烧饭做菜。当地的老百姓以前哪见过这样的官？于成龙的美名一下便传开了。

一年后，朝廷又调于成龙做福建的地方官，官是做大了，可于成龙的脾气却没改。临上路时，他特意吩咐手下说："你去市场上买两百斤萝卜，带到船上来。"

手下不解地问："大人去福建任职，要买这些萝卜干什么呢？"

"我们这一去，坐船要几天，萝卜便宜，可当菜吃，又解渴，不是很好吗？"

手下人摇着头叹着气买萝卜去了。于成龙就靠着这两百斤萝卜到了福建。

于成龙到福建以后，官府里的人们发现了一件奇怪的事情：不知为什么，后院的一棵槐树叶子越来越少了，枝条孤零零挂在那儿，好像要枯死了。没过多久，全衙门的人都知道这件事了。仆人们在议论，官员也在议论：这树以前好好的，怎么于成龙来了以后，就快要死了呢？

一些对于成龙不满的人，心怀叵测地说："就是于成龙来了以后闹的鬼，搞什么不讲吃喝、不讲摆场，这样怎么能办成事呢？现在可好，槐树快要死了，这是上天惩罚他的预兆呀！"

后来，人们发现于成龙的老仆每天早晨都要去摘槐树叶。一位好事的官员好奇地凑过去问道："你摘槐树叶干什么？"

老仆人一边摘，一边回答道："我家老爷非常爱喝茶，可又嫌茶叶太贵，看院子里有棵槐树，就改喝槐树叶茶了。"

那位官员顿时惊得目瞪口呆：这哪里是福建的最高官员过的日子？这比平民老百姓还不如啊！于是，他赶忙买了两大盒上好的福建名茶，去拜见于成龙，说："大人真是太清苦了，这点儿茶叶，大人就留着吧。"

于成龙一把将茶叶推了回去，认真地说："这里的老百姓相当困苦，我们这些当官的，还真得学会过日子，学着'小气'点儿呢！"

后来年近七十岁的于成龙死在任上，人们在整理他的遗物时，只发现少得可怜的私人财产：旧床头箱一个，里面仅有一套粗丝衣服，一双靴子；旧缸一只，缸里有少许米和少许盐；除此以外，便是书籍了。于成龙逝世后，百姓万分悲痛，在乡下，不少人家画了于成龙的画像，挂在堂前祭祀。康熙皇帝知道后，也非常感动，亲自写下了"天下第一廉吏"的匾额，以纪念这位一生廉洁清俭的好官。

《清史稿·于成龙传》

本篇成语解释：

1.【威风凛凛】形容使人敬畏的声势或气派。

2.【心怀叵测】叵：不可。心中藏着难以猜测的阴谋诡计。

3.【目瞪口呆】眼睛直盯着不动，嘴说不出话来。形容因吃惊或害怕而发愣。

> 一个人只有坚持最大的清廉，才可保证永远处于主动地位，才可以生活得干净、清爽、健康，才可以说话有力度，才能自然地提高自己的尊严和地位。

我的中国，我的德国

冯梦月

　　我从小就喜欢读书，有两个原因使我养成了这个不错的习惯。一是我在幼年总喜欢缠着老爸讲故事，他每次都是拿着书来讲，我自然认定，故事是从书上来的。上小学后，我认识了一些汉字，便借助《新华字典》读我喜欢的故事书。二是老妈不知从哪里听说，看电视对小孩子不好，对眼睛不好，对今后思维也不好，除了让我看动画片外，其他一律不让看，这样逼着我只好去读书。我会因为读书忘了自己坐在马桶上，也会忘了老妈让我去超市买盐。有一个大冬天，老妈见我洗脚看书，怕我冻感冒，不断地催我，结果读书入了迷的我把书当成了擦脚布。

　　历史书籍是我的最爱之一。尤其是中国古代史，也许是它离我们现在的生活比较远，所以在我眼里倍显神秘。让我爱不释手的，是我上小学三年级时，老爸买的一套少儿版《二十四史》。中国历朝历代形形色色的人物和他们的情感，因为远观，让我着迷。

　　由于老妈被派到德国工作的缘故，还不满十三岁的我随行来到柏林，开始了留学生涯。刚到德国的那一年，我是在语言学校里度过的。第一次上学，因为迷路，居然在地铁里穿梭了五个小时。第一节课，我都记不起来是怎么听进去的，感觉自己像个傻子。初到德国的我，日常的一切，对我竟然那么地艰难，我很受打击。由于没有德语基础，与德国同学交流不畅，郁闷中，我竟把《二十四史》当成了精神食粮和交流对象，闲来便翻。半年后，老爸来探亲时，我大段背诵给他听，令他惊讶不已。

眨眼之间，来德国已经七年，我逐渐适应了这里的学习、生活和文化。德国中学的历史课主要讲德国、欧洲和美国的历史，滔滔绵绵、跌宕起伏；德语课上接触到的，不是歌德、席勒、海涅、莱辛等世界级古典巨匠，就是里尔克、黑塞、伯尔、格拉斯等现当代文坛巨子的作品，受益匪浅是毋庸置疑的，但我总有一种隔膜感。这也许就是根深蒂固的文化差异，中国的文化已经融入了我的血脉之中。好在有网络这个好帮手，我可以便捷地阅读中文，《论语》、《道德经》、《围城》、《四世同堂》……有一阵子，我还疯狂地迷上了宋代的婉约派诗词，大量搜集、诵读李清照的作品，不仅被弄得"凄凄惨惨戚戚"、柔肠百结，而且还模仿易安居士填词吟诵，以致被老妈笑称"冯清照"。

我的同学不全是德国人，也有来自土耳其、伊拉克、越南、希腊、俄罗斯、美国等国家的。我发现，他们对中国的了解大都仅限于人口众多、计划生育、社会主义、崛起大国等概念，对中国的历史和文化的认知少得可怜，但也有例外。我在德国一所寄宿学校读书时，我的历史老师喜欢研究唐朝和武则天，因为这个缘故，我们成了好朋友。她很佩服我的唐代历史知识，像找到了知音一般。其实，关于唐代历史，我刚入门，她也是略知皮毛而已。我现在就读的柏林洪堡文理中学，汉语可作为第二外语选修。除了学习简单的汉字和语句，还大量阅读翻译成德文的中文小说和历史常识。学到鲁迅的《狂人日记》时，同学萨拉问我，既然儒家思想属于中国的文化传统，为什么"仁义道德"就"吃人"了呢？这真是个好问题！儒家思想的核心虽可浓缩为"仁义理智信忠勇孝悌廉"

十个字，但其精神内涵岂可三言两语以蔽之？更何况，中、西价值观本来就不在一个坐标系上。我只好从法律到伦理，左右开弓，总算让萨拉半信半疑地点了点头。

中国的传统文化博大精深，但遗憾的是，我们当下的年轻一代大多追求流行文化，往往忽略了对传统文化的认知和探寻。作为一个"资深"的小留学生，我的切身感受是，在"地球村"时代，传统文化不仅是本民族过去和现在之间的纽带，而且也是与其他民族之间对话和交流的桥梁，我们必须学习和了解。

丁卉是我老爸朋友的女儿，我们很小就认识，她小时候总叫我"姐姐"。五年前，我回国时去她家玩，不知怎么就谈到了唐诗宋词，她竟背出了我最喜爱的唐诗之一——白居易的《长恨歌》！真是心有灵犀。四年前，她去了新加坡留学。现在，我俩合作主编一套国学丛书，一来给自己充充电，二来想带领90后、00后的学弟学妹们通过阅读故事了解一点中国的历史和文化。